全国法院民商事审判工作会议纪要

中国法制出版社

目　录

最高人民法院关于印发《全国法院民商事审判工作会议纪要》的通知

（2019 年 11 月 8 日　法〔2019〕254 号）

各省、自治区、直辖市高级人民法院，解放军军事法院，新疆维吾尔自治区高级人民法院生产建设兵团分院：

《全国法院民商事审判工作会议纪要》（以下简称《会议纪要》）已于 2019 年 9 月 11 日经最高人民法院审判委员会民事行政专业委员会第 319 次会议原则通过。为便于进一步学习领会和正确适用《会议纪要》，特作如下通知：

一、充分认识《会议纪要》出台的意义

《会议纪要》针对民商事审判中的前沿疑难争议问题，在广泛征求各方面意见的基础上，经最高人民法院审判委员会民事行政专业委员会讨论决定。《会议纪要》的出台，对统一裁判思路，规范法官自由裁量权，增强民商事审判的公开性、透明度以及可预期性，提高司法公信力具有重要意义。各级人民法院要正确把握和理解适用《会议纪要》的精神实质和基本内容。

二、及时组织学习培训

为使各级人民法院尽快准确理解掌握《会议纪要》的内

涵，在案件审理中正确理解适用，各级人民法院要在妥善处理好工学关系的前提下，通过多种形式组织学习培训，做好宣传工作。

三、准确把握《会议纪要》的应用范围

纪要不是司法解释，不能作为裁判依据进行援引。《会议纪要》发布后，人民法院尚未审结的一审、二审案件，在裁判文书“本院认为”部分具体分析法律适用的理由时，可以根据《会议纪要》的相关规定进行说理。

对于适用中存在的问题，请层报最高人民法院。

全国法院民商事审判工作会议纪要

目　　录

引言

为全面贯彻党的十九大和十九届二中、三中全会以及中央经济工作会议、中央政法工作会议、全国金融工作会议精神，研究当前形势下如何进一步加强人民法院民商事审判工作，着力提升民商事审判工作能力和水平，为我国经济高质量发展提供更加有力的司法服务和保障，最高人民法院于2019年7月3日至4日在黑龙江省哈尔滨市召开了全国法院民商事审判工作会议。最高人民法院党组书记、院长周强同志出席会议并讲话。各省、自治区、直辖市高级人民法院分管民商事审判工作的副院长、承担民商事案件审判任务的审判庭庭长、解放军军事法院的代表、最高人民法院有关部门负责人在主会场出席会议，地方各级人民法院的其他负责同志和民商事审判法官在各地分会场通过视频参加会议。中央政法委、全国人大常委会法工委的代表、部分全国人大代表、全国政协委员、最高人民法院特约监督员、专家学者应邀参加会议。

会议认为，民商事审判工作必须坚持正确的政治方向，必须以习近平新时代中国特色社会主义思想武装头脑、指导实践、推动工作。一要坚持党的绝对领导。这是中国特色社会主义司法制度的本质特征和根本要求，是人民法院永远不变的根和魂。在民商事审判工作中，要切实增强“四个意识”、坚定“四个自信”、做到“两个维护”，坚定不移走中国特色社会主义法治道路。二要坚持服务党和国家大局。认清形势，高度关注中国特色社会主义进入新时代背景下经济社会的重大变化、社会主要矛盾的历史性变化、各类风险隐患的多元多变，提高服务大局的自觉性、针对性，主动作为，勇于担当，处理好依法办案和服务大局的辩证关系，着眼于贯彻落实党中央的重大决策部署、维护人民群众的根本利益、维护法治的统一。三要坚持司法为民。牢固树立以人民为中心的发展思想，始终坚守人民立场，胸怀人民群众，满足人民需求，带着对人民群众的深厚感情和强烈责任感去做好民商事审判工作。在民商事审判工作中要弘扬社会主义核心价值观，注意情理法的交融平衡，做到以法为据、以理服人、以情感人，既要义正辞严讲清法理，又要循循善诱讲明事理，还要感同身受讲透情理，争取广大人民群众和社会的理解与支持。要建立健全方便人民群众诉讼的民商事审判工作机制。四要坚持公正司法。公平正义是中国特色社会主义制度的内在要求，也是我党治国理政的一贯主张。司法是维护社会公平正义的最后一道防线，必须把公平正义作为生命线，必须把公平正义作为镌刻在心中的价值坐标，必须把“努力让人民群众在每一个司法案件中感受到公平正义”作为矢志不渝的奋斗目标。

会议指出，民商事审判工作要树立正确的审判理念。注意辩证理解并准确把握契约自由、平等保护、诚实信用、公序良俗等民商事审判基本原则；注意树立请求权基础思维、逻辑和价值相一致思维、同案同判思维，通过检索类案、参考指导案例等方式统一裁判尺度，有效防止滥用自由裁量权；注意处理好民商事审判与行政监管的关系，通过穿透式审判思维，查明当事人的真实意思，探求真实法律关系；特别注意外观主义系民商法上的学理概括，并非现行法律规定的原则，现行法律只是规定了体现外观主义的具体规则，如《物权法》第106条规定的善意取得，《合同法》第49条、《民法总则》第172条规定的表见代理，《合同法》第50条规定的越权代表，审判实务中应当依据有关具体法律规则进行判断，类推适用亦应当以法律规则设定的情形、条件为基础。从现行法律规则看，外观主义是为保护交易安全设置的例外规定，一般适用于因合理信赖权利外观或意思表示外观的交易行为。

实际权利人与名义权利人的关系，应注重财产的实质归属，而不单纯地取决于公示外观。总之，审判实务中要准确把握外观主义的适用边界，避免泛化和滥用。

会议对当前民商事审判工作中的一些疑难法律问题取得了基本一致的看法，现纪要如下：

一、关于民法总则适用的法律衔接

会议认为，民法总则施行后至民法典施行前，拟编入民法典但尚未完成修订的物权法、合同法等民商事基本法，以及不编入民法典的公司法、证券法、信托法、保险法、票据法等民商事特别法，均可能存在与民法总则规定不一致的情形。人民法院应当依照《立法法》第92条、《民法总则》第11条等规定，综合考虑新的规定优于旧的规定、特别规定优于一般规定等法律适用规则，依法处理好民法总则与相关法律的衔接问题，主要是处理好与民法通则、合同法、公司法的关系。

1.【民法总则与民法通则的关系及其适用】民法通则既规定了民法的一些基本制度和一般性规则，也规定了合同、所有权及其他财产权、知识产权、民事责任、涉外民事法律关系适用等具体内容。民法总则基本吸收了民法通则规定的基本制度和一般性规则，同时作了补充、完善和发展。民法通则规定的合同、所有权及其他财产权、民事责任等具体内容还需要在编撰民法典各分编时作进一步统筹，系统整合。因民法总则施行后暂不废止民法通则，在此之前，民法总则与民法通则规定不一致的，根据新的规定优于旧的规定的法律适用规则，适用民法总则的规定。最高人民法院已依据民法总则制定了关于诉讼时效问题的司法解释，而原依据民法通则制定的关于诉讼时效的司法解释，只要与民法总则不冲突，仍可适用。

2.【民法总则与合同法的关系及其适用】根据民法典编撰工作“两步走”的安排，民法总则施行后，目前正在进行民法典的合同编、物权编等各分编的编撰工作。民法典施行后，合同法不再保留。在这之前，因民法总则施行前成立的合同发生的纠纷，原则上适用合同法的有关规定处理。因民法总则施行后成立的合同发生的纠纷，如果合同法“总则”对此的规定与民法总则的规定不一致的，根据新的规定优于旧的规定的法律适用规则，适用民法总则的规定。例如，关于欺诈、胁迫问题，根据合同法的规定，只有合同当事人之间存在欺诈、胁迫行为的，被欺诈、胁迫一方才享有撤销合同的权利。而依民法总则的规定，第三人实施的欺诈、胁迫行为，被欺诈、胁迫一方也有撤销合同的权利。另外，合同法视欺诈、胁迫行为所损害利益的不同，对合同效力作出了不同规定：损害合同当事人利益的，属于可撤销或者可变更合同；损害国家利益的，则属于无效合同。民法总则则未加区别，规定一律按可撤销合同对待。再如，关于显失公平问题，合同法将显失公平与乘人之危作为两类不同的可撤销或者可变更合同事由，而民法总则则将二者合并为一类可撤销合同事由。

民法总则施行后发生的纠纷，在民法典施行前，如果合同法“分则”对此的规定与民法总则不一致的，根据特别规定优于一般规定的法律适用规则，适用合同法“分则”的规定。例如，民法总则仅规定了显名代理，没有规定《合同法》第402条的隐名代理和第403条的间接代理。在民法典施行前，这两条规定应当继续适用。

3.【民法总则与公司法的关系及其适用】民法总则与公司法的关系，是一般法与商事特别法的关系。民法总则第三章“法人”第一节“一般规定”和第二节“营利法人”基本上是根据公司法的有关规定提炼的，二者的精神大体一致。因此，涉及民法总则这一部分的内容，规定一致的，适用民法总则或者公司法皆可；规定不一致的，根据《民法总则》第11条有关“其他法律对民事关系有特别规定的，依照其规定”的规定，原则上应当适用公司法的规定。但应当注意也有例外情况，主要表现在两个方面：一是就同一事项，民法总则制定时有意修正公司法有关条款的，应当适用民法总则的规定。例如，《公司法》第32条第3款规定：“公司应当将股东的姓名或者名称及其出资额向公司登记机关登记；登记事项发生变更的，应当办理变更登记。未经登记或者变更登记的，不得对抗第三人。”而《民法总则》第65条的规定则把“不得对抗第三人”修正为“不得对抗善意相对人”。经查询有关立法理由，可以认为，此种情况应当适用民法总则的规定。二是民法总则在公司法规定基础上增加了新内容的，如《公司法》第22条第2款就公司决议的撤销问题进行了规定，《民法总则》第85条在该条基础上增加规定：“但是营利法人依据该决议与善意相对人形成的民事法律关系不受影响。”此时，也应当适用民法总则的规定。

4.【民法总则的时间效力】根据“法不溯及既往”的原则，民法总则原则上没有溯及力，故只能适用于施行后发生的法律事实；民法总则施行前发生的法律事实，适用当时的法律；某一法律事实发生在民法总则施行前，其行为延续至民法总则施行后的，适用民法总则的规定。但要注意有例外情形，如虽然法律事实发生在民法总则施行前，但当时的法律对此没有规定而民法总则有规定的，例如，对于虚伪意思表示、第三人实施欺诈行为，合同法均无规定，发生纠纷后，基于“法官不得拒绝裁判”规则，可以将民法总则的相关规定作为裁判依据。又如，民法总则施行前成立的合同，根据当时的法律应当认定无效，而根据民法总则应当认定有效或者可撤销的，应当适用民法总则的规定。

在民法总则无溯及力的场合，人民法院应当依据法律事实发生时的法律进行裁判，但如果法律事实发生时的法律虽有规定，但内容不具体、不明确的，如关于无权代理在被代理人不予追认时的法律后果，民法通则和合同法均规定由行为人承担民事责任，但对民事责任的性质和方式没有规定，而民法总则对此有明确且详细的规定，人民法院在审理案件时，就可以在裁判文书的说理部分将民法总则规定的内容作为解释法律事实发生时法律规定的参考。

二、关于公司纠纷案件的审理

会议认为，审理好公司纠纷案件，对于保护交易安全和投资安全，激发经济活力，增强投资创业信心，具有重要意义。要依法协调好公司债权人、股东、公司等各种利益主体之间的关系，处理好公司外部与内部的关系，解决好公司自治与司法介入的关系。

（一）关于“对赌协议”的效力及履行

实践中俗称的“对赌协议”，又称估值调整协议，是指投资方与融资方在达成股权性融资协议时，为解决交易双方对目标公司未来发展的不确定性、信息不对称以及代理成本而设计的包含了股权回购、金钱补偿等对未来目标公司的估值进行调整的协议。从订立“对赌协议”的主体来看，有投资方与目标公司的股东或者实际控制人“对赌”、投资方与目标公司“对赌”、投资方与目标公司的股东、目标公司“对赌”等形式。人民法院在审理“对赌协议”纠纷案件时，不仅应当适用合同法的相关规定，还应当适用公司法的相关规定；既要坚持鼓励投资方对实体企业特别是科技创新企业投资原则，从而在一定程度上缓解企业融资难问题，又要贯彻资本维持原则和保护债权人合法权益原则，依法平衡投资方、公司债权人、公司之间的利益。对于投资方与目标公司的股东或者实际控制人订立的“对赌协议”，如无其他无效事由，认定有效并支持实际履行，实践中并无争议。但投资方与目标公司订立的“对赌协议”是否有效以及能否实际履行，存在争议。对此，应当把握如下处理规则：

5.【与目标公司“对赌”】投资方与目标公司订立的“对赌协议”在不存在法定无效事由的情况下，目标公司仅以存在股权回购或者金钱补偿约定为由，主张“对赌协议”无效的，人民法院不予支持，但投资方主张实际履行的，人民法院应当审查是否符合公司法关于“股东不得抽逃出资”及股份回购的强制性规定，判决是否支持其诉讼请求。

投资方请求目标公司回购股权的，人民法院应当依据《公司法》第35条关于“股东不得抽逃出资”或者第142条关于股份回购的强制性规定进行审查。经审查，目标公司未完成减资程序的，人民法院应当驳回其诉讼请求。

投资方请求目标公司承担金钱补偿义务的，人民法院应当依据《公司法》第35条关于“股东不得抽逃出资”和第

166 条关于利润分配的强制性规定进行审查。经审查，目标公司没有利润或者虽有利润但不足以补偿投资方的，人民法院应当驳回或者部分支持其诉讼请求。今后目标公司有利润时，投资方还可以依据该事实另行提起诉讼。

（二）关于股东出资加速到期及表决权

6. 【股东出资应否加速到期】在注册资本认缴制下，股东依法享有期限利益。债权人以公司不能清偿到期债务为由，请求未届出资期限的股东在未出资范围内对公司不能清偿的债务承担补充赔偿责任的，人民法院不予支持。但是，下列情形除外：

（1）公司作为被执行人的案件，人民法院穷尽执行措施无财产可供执行，已具备破产原因，但不申请破产的；

（2）在公司债务产生后，公司股东（大）会决议或以其他方式延长股东出资期限的。

7. 【表决权能否受限】股东认缴的出资未届履行期限，对未缴纳部分的出资是否享有以及如何行使表决权等问题，应当根据公司章程来确定。公司章程没有规定的，应当按照认缴出资的比例确定。如果股东（大）会作出不按认缴出资比例而按实际出资比例或者其他标准确定表决权的决议，股东请求确认决议无效的，人民法院应当审查该决议是否符合修改公司章程所要求的表决程序，即必须经代表三分之二以上表决权的股东通过。符合的，人民法院不予支持；反之，则依法予以支持。

（三）关于股权转让

8. 【有限责任公司的股权变动】当事人之间转让有限责任公司股权，受让人以其姓名或者名称已记载于股东名册为由主张其已经取得股权的，人民法院依法予以支持，但法律、行政法规规定应当办理批准手续生效的股权转让除外。未向公司登记机关办理股权变更登记的，不得对抗善意相对人。

9.【侵犯优先购买权的股权转让合同的效力】审判实践中，部分人民法院对公司法司法解释（四）第21条规定的理解存在偏差，往往以保护其他股东的优先购买权为由认定股权转让合同无效。准确理解该条规定，既要注意保护其他股东的优先购买权，也要注意保护股东以外的股权受让人的合法权益，正确认定有限责任公司的股东与股东以外的股权受让人订立的股权转让合同的效力。一方面，其他股东依法享有优先购买权，在其主张按照股权转让合同约定的同等条件购买股权的情况下，应当支持其诉讼请求，除非出现该条第1款规定的情形。另一方面，为保护股东以外的股权受让人的合法权益，股权转让合同如无其他影响合同效力的事由，应当认定有效。其他股东行使优先购买权的，虽然股东以外的股权受让人关于继续履行股权转让合同的请求不能得到支持，但不影响其依约请求转让股东承担相应的违约责任。

（四）关于公司人格否认

公司人格独立和股东有限责任是公司法的基本原则。否认公司独立人格，由滥用公司法人独立地位和股东有限责任的股东对公司债务承担连带责任，是股东有限责任的例外情形，旨在矫正有限责任制度在特定法律事实发生时对债权人保护的失衡现象。在审判实践中，要准确把握《公司法》第20条第3款规定的精神。一是只有在股东实施了滥用公司法人独立地位及股东有限责任的行为，且该行为严重损害了公司债权人利益的情况下，才能适用。损害债权人利益，主要是指股东滥用权利使公司财产不足以清偿公司债权人的债权。二是只有实施了滥用法人独立地位和股东有限责任行为的股东才对公司债务承担连带清偿责任，而其他股东不应承担此责任。三是公司人格否认不是全面、彻底、永久地否定公司的法人资格，而只是在具体案件中依据特定的法律事实、法律关系，突破股东对公司债务不承担责任的一般规则，例外地判令其承担连带责任。人民法院在个案中否认公司人格的判决的既判力仅仅约束该诉讼的各方当事人，不当然适用于涉及该公司的其他诉讼，不影响公司独立法人资格的存续。如果其他债权人提起公司人格否认诉讼，已生效判决认定的事实可以作为证据使用。四是《公司法》第 20 条第 3 款规定的滥用行为，实践中常见的情形有人格混同、过度支配与控制、资本显著不足等。在审理案件时，需要根据查明的案件事实进行综合判断，既审慎适用，又当用则用。实践中存在标准把握不严而滥用这一例外制度的现象，同时也存在因法律规定较为原则、抽象，适用难度大，而不善于适用、不敢于适用的现象，均应当引起高度重视。

10.【人格混同】认定公司人格与股东人格是否存在混同，最根本的判断标准是公司是否具有独立意思和独立财产，最主要的表现是公司的财产与股东的财产是否混同且无法区分。在认定是否构成人格混同时，应当综合考虑以下因素：

（1）股东无偿使用公司资金或者财产，不作财务记载的；

（2）股东用公司的资金偿还股东的债务，或者将公司的资金供关联公司无偿使用，不作财务记载的；

（3）公司账簿与股东账簿不分，致使公司财产与股东财产无法区分的；

（4）股东自身收益与公司盈利不加区分，致使双方利益不清的；

（5）公司的财产记载于股东名下，由股东占有、使用的；

（6）人格混同的其他情形。

在出现人格混同的情况下，往往同时出现以下混同：公司业务和股东业务混同；公司员工与股东员工混同，特别是财务人员混同；公司住所与股东住所混同。人民法院在审理案件时，关键要审查是否构成人格混同，而不要求同时具备其他方面的混同，其他方面的混同往往只是人格混同的补强。

11.【过度支配与控制】公司控制股东对公司过度支配与控制，操纵公司的决策过程，使公司完全丧失独立性，沦为控制股东的工具或躯壳，严重损害公司债权人利益，应当否认公司人格，由滥用控制权的股东对公司债务承担连带责任。实践中常见的情形包括：

（1）母子公司之间或者子公司之间进行利益输送的；

（2）母子公司或者子公司之间进行交易，收益归一方，损失却由另一方承担的；

（3）先从原公司抽走资金，然后再成立经营目的相同或者类似的公司，逃避原公司债务的；

（4）先解散公司，再以原公司场所、设备、人员及相同或者相似的经营目的另设公司，逃避原公司债务的；

（5）过度支配与控制的其他情形。

控制股东或实际控制人控制多个子公司或者关联公司，滥用控制权使多个子公司或者关联公司财产边界不清、财务混同，利益相互输送，丧失人格独立性，沦为控制股东逃避债务、非法经营，甚至违法犯罪工具的，可以综合案件事实，否认子公司或者关联公司法人人格，判令承担连带责任。

12.【资本显著不足】资本显著不足指的是，公司设立后在经营过程中，股东实际投入公司的资本数额与公司经营所隐含的风险相比明显不匹配。股东利用较少资本从事力所不及的经营，表明其没有从事公司经营的诚意，实质是恶意利用公司独立人格和股东有限责任把投资风险转嫁给债权人。由于资本显著不足的判断标准有很大的模糊性，特别是要与公司采取“以小博大”的正常经营方式相区分，因此在适用时要十分谨慎，应当与其他因素结合起来综合判断。

13.【诉讼地位】人民法院在审理公司人格否认纠纷案件时，应当根据不同情形确定当事人的诉讼地位：

（1）债权人对债务人公司享有的债权已经由生效裁判确认，其另行提起公司人格否认诉讼，请求股东对公司债务承担连带责任的，列股东为被告，公司为第三人；

（2）债权人对债务人公司享有的债权提起诉讼的同时，一并提起公司人格否认诉讼，请求股东对公司债务承担连带责任的，列公司和股东为共同被告；

（3）债权人对债务人公司享有的债权尚未经生效裁判确认，直接提起公司人格否认诉讼，请求公司股东对公司债务承担连带责任的，人民法院应当向债权人释明，告知其追加公司为共同被告。债权人拒绝追加的，人民法院应当裁定驳回起诉。

（五）关于有限责任公司清算义务人的责任

关于有限责任公司股东清算责任的认定，一些案件的处理结果不适当地扩大了股东的清算责任。特别是实践中出现了一些职业债权人，从其他债权人处大批量超低价收购僵尸企业的“陈年旧账”后，对批量僵尸企业提起强制清算之诉，在获得人民法院对公司主要财产、账册、重要文件等灭失的认定后，根据公司法司法解释（二）第18条第2款的规定，请求有限责任公司的股东对公司债务承担连带清偿责任。有的人民法院没有准确把握上述规定的适用条件，判决没有“怠于履行义务”的小股东或者虽“怠于履行义务”但与公司主要财产、账册、重要文件等灭失没有因果关系的小股东对公司债务承担远远超过其出资数额的责任，导致出现利益明显失衡的现象。需要明确的是，上述司法解释关于有限责任公司股东清算责任的规定，其性质是因股东怠于履行清算义务致使公司无法清算所应当承担的侵权责任。在认定有限责任公司股东是否应当对债权人承担侵权赔偿责任时，应当注意以下问题：

14.【怠于履行清算义务的认定】公司法司法解释（二）第18条第2款规定的“怠于履行义务”，是指有限责任公司的股东在法定清算事由出现后，在能够履行清算义务的情况下，故意拖延、拒绝履行清算义务，或者因过失导致无法进行清算的消极行为。股东举证证明其已经为履行清算义务采取了积极措施，或者小股东举证证明其既不是公司董事会或者监事会成员，也没有选派人员担任该机关成员，且从未参与公司经营管理，以不构成“怠于履行义务”为由，主张其不应当对公司债务承担连带清偿责任的，人民法院依法予以支持。

15.【因果关系抗辩】有限责任公司的股东举证证明其“怠于履行义务”的消极不作为与“公司主要财产、账册、重要文件等灭失，无法进行清算”的结果之间没有因果关系，主张其不应对公司债务承担连带清偿责任的，人民法院依法予以支持。

16.【诉讼时效期间】公司债权人请求股东对公司债务承担连带清偿责任，股东以公司债权人对公司的债权已经超过诉讼时效期间为由抗辩，经查证属实的，人民法院依法予以支持。

公司债权人以公司法司法解释（二）第18条第2款为依据，请求有限责任公司的股东对公司债务承担连带清偿责任的，诉讼时效期间自公司债权人知道或者应当知道公司无法进行清算之日起计算。

（六）关于公司为他人提供担保

关于公司为他人提供担保的合同效力问题，审判实践中裁判尺度不统一，严重影响了司法公信力，有必要予以规范。对此，应当把握以下几点：

17.【违反《公司法》第16条构成越权代表】为防止法定代表人随意代表公司为他人提供担保给公司造成损失，损害中小股东利益，《公司法》第16条对法定代表人的代表权进行了限制。根据该条规定，担保行为不是法定代表人所能单独决定的事项，而必须以公司股东（大）会、董事会等公司机关的决议作为授权的基础和来源。法定代表人未经授权擅自为他人提供担保的，构成越权代表，人民法院应当根据《合同法》第50条关于法定代表人越权代表的规定，区分订立合同时债权人是否善意分别认定合同效力：债权人善意的，合同有效；反之，合同无效。

18.【善意的认定】前条所称的善意，是指债权人不知道或者不应当知道法定代表人超越权限订立担保合同。《公司法》第 16 条对关联担保和非关联担保的决议机关作出了区别规定，相应地，在善意的判断标准上也应当有所区别。一种情形是，为公司股东或者实际控制人提供关联担保，《公司法》第 16 条明确规定必须由股东（大）会决议，未经股东（大）会决议，构成越权代表。在此情况下，债权人主张担保合同有效，应当提供证据证明其在订立合同时对股东（大）会决议进行了审查，决议的表决程序符合《公司法》第 16 条的规定，即在排除被担保股东表决权的情况下，该项表决由出席会议的其他股东所持表决权的过半数通过，签字人员也符合公司章程的规定。另一种情形是，公司为公司股东或者实际控制人以外的人提供非关联担保，根据《公司法》第 16 条的规定，此时由公司章程规定是由董事会决议还是股东（大）会决议。无论章程是否对决议机关作出规定，也无论章程规定决议机关为董事会还是股东（大）会，根据《民法总则》第 61 条第 3 款关于“法人章程或者法人权力机构对法定代表人代表权的限制，不得对抗善意相对人”的规定，只要债权人能够证明其在订立担保合同时对董事会决议或者股东（大）会决议进行了审查，同意决议的人数及签字人员符合公司章程的规定，就应当认定其构成善意，但公司能够证明债权人明知公司章程对决议机关有明确规定的除外。

债权人对公司机关决议内容的审查一般限于形式审查，只要求尽到必要的注意义务即可，标准不宜太过严苛。公司以机关决议系法定代表人伪造或者变造、决议程序违法、签章（名）不实、担保金额超过法定限额等事由抗辩债权人非善意的，人民法院一般不予支持。但是，公司有证据证明债权人明知决议系伪造或者变造的除外。

19. 【无须机关决议的例外情况】存在下列情形的，即便债权人知道或者应当知道没有公司机关决议，也应当认定担保合同符合公司的真实意思表示，合同有效：

（1）公司是以为他人提供担保为主营业务的担保公司，或者是开展保函业务的银行或者非银行金融机构；

（2）公司为其直接或者间接控制的公司开展经营活动向债权人提供担保；

（3）公司与主债务人之间存在相互担保等商业合作关系；

（4）担保合同系由单独或者共同持有公司三分之二以上有表决权的股东签字同意。

20. 【越权担保的民事责任】依据前述 3 条规定，担保合同有效，债权人请求公司承担担保责任的，人民法院依法予以支持；担保合同无效，债权人请求公司承担担保责任的，人民法院不予支持，但可以按照担保法及有关司法解释关于担保无效的规定处理。公司举证证明债权人明知法定代表人超越权限或者机关决议系伪造或者变造，债权人请求公司承担合同无效后的民事责任的，人民法院不予支持。

21. 【权利救济】法定代表人的越权担保行为给公司造成损失，公司请求法定代表人承担赔偿责任的，人民法院依法予以支持。公司没有提起诉讼，股东依据《公司法》第 151 条的规定请求法定代表人承担赔偿责任的，人民法院依法予以支持。

22. 【上市公司为他人提供担保】债权人根据上市公司公开披露的关于担保事项已经董事会或者股东大会决议通过的信息订立的担保合同，人民法院应当认定有效。

23. 【债务加入准用担保规则】法定代表人以公司名义

与债务人约定加入债务并通知债权人或者向债权人表示愿意加入债务，该约定的效力问题，参照本纪要关于公司为他人提供担保的有关规则处理。

（七）关于股东代表诉讼

24.【何时成为股东不影响起诉】股东提起股东代表诉讼，被告以行为发生时原告尚未成为公司股东为由抗辩该股东不是适格原告的，人民法院不予支持。

25.【正确适用前置程序】根据《公司法》第 151 条的规定，股东提起代表诉讼的前置程序之一是，股东必须先书面请求公司有关机关向人民法院提起诉讼。一般情况下，股东没有履行该前置程序的，应当驳回起诉。但是，该项前置程序针对的是公司治理的一般情况，即在股东向公司有关机关提出书面申请之时，存在公司有关机关提起诉讼的可能性。如果查明的相关事实表明，根本不存在该种可能性的，人民法院不应当以原告未履行前置程序为由驳回起诉。

26.【股东代表诉讼的反诉】股东依据《公司法》第 151 条第 3 款的规定提起股东代表诉讼后，被告以原告股东恶意起诉侵犯其合法权益为由提起反诉的，人民法院应予受理。被告以公司在案涉纠纷中应当承担侵权或者违约等责任为由对公司提出的反诉，因不符合反诉的要件，人民法院应当裁定不予受理；已经受理的，裁定驳回起诉。

27.【股东代表诉讼的调解】公司是股东代表诉讼的最终受益人，为避免因原告股东与被告通过调解损害公司利益，人民法院应当审查调解协议是否为公司的意思。只有在调解协议经公司股东（大）会、董事会决议通过后，人民法院才能出具调解书予以确认。至于具体决议机关，取决于公司章程的规定。公司章程没有规定的，人民法院应当认定公司股东（大）会为决议机关。

（八）其他问题

28.【实际出资人显名的条件】实际出资人能够提供证据证明有限责任公司过半数的其他股东知道其实际出资的事实，且对其实际行使股东权利未曾提出异议的，对实际出资人提出的登记为公司股东的请求，人民法院依法予以支持。公司以实际出资人的请求不符合公司法司法解释（三）第24条的规定为由抗辩的，人民法院不予支持。

29.【请求召开股东（大）会不可诉】公司召开股东（大）会本质上属于公司内部治理范围。股东请求判令公司召开股东（大）会的，人民法院应当告知其按照《公司法》第40条或者第101条规定的程序自行召开。股东坚持起诉的，人民法院应当裁定不予受理；已经受理的，裁定驳回起诉。

三、关于合同纠纷案件的审理

会议认为，合同是市场化配置资源的主要方式，合同纠纷也是民商事纠纷的主要类型。人民法院在审理合同纠纷案件时，要坚持鼓励交易原则，充分尊重当事人的意思自治。要依法审慎认定合同效力。要根据诚实信用原则，合理解释合同条款、确定履行内容，合理确定当事人的权利义务关系，审慎适用合同解除制度，依法调整过高的违约金，强化对守约者诚信行为的保护力度，提高违法违约成本，促进诚信社会构建。

（一）关于合同效力

人民法院在审理合同纠纷案件过程中，要依职权审查合同是否存在无效的情形，注意无效与可撤销、未生效、效力待定等合同效力形态之间的区别，准确认定合同效力，并根据效力的不同情形，结合当事人的诉讼请求，确定相应的民事责任。

30.【强制性规定的识别】合同法施行后，针对一些人民法院动辄以违反法律、行政法规的强制性规定为由认定合同无效，不当扩大无效合同范围的情形，合同法司法解释（二）第14条将《合同法》第52条第5项规定的“强制性规定”明确限于“效力性强制性规定”。此后，《最高人民法院关于当前形势下审理民商事合同纠纷案件若干问题的指导意见》进一步提出了“管理性强制性规定”的概念，指出违反管理性强制性规定的，人民法院应当根据具体情形认定合同效力。随着这一概念的提出，审判实践中又出现了另一种倾向，有的人民法院认为凡是行政管理性质的强制性规定都属于“管理性强制性规定”，不影响合同效力。这种望文生义的认定方法，应予纠正。

人民法院在审理合同纠纷案件时，要依据《民法总则》第153条第1款和合同法司法解释（二）第14条的规定慎重判断“强制性规定”的性质，特别是要在考量强制性规定所保护的法益类型、违法行为的法律后果以及交易安全保护等因素的基础上认定其性质，并在裁判文书中充分说明理由。下列强制性规定，应当认定为“效力性强制性规定”：强制性规定涉及金融安全、市场秩序、国家宏观政策等公序良俗的；交易标的禁止买卖的，如禁止人体器官、毒品、枪支等买卖；违反特许经营规定的，如场外配资合同；交易方式严重违法的，如违反招投标等竞争性缔约方式订立的合同；交易场所违法的，如在批准的交易场所之外进行期货交易。关于经营范围、交易时间、交易数量等行政管理性质的强制性规定，一般应当认定为“管理性强制性规定”。

31.【违反规章的合同效力】违反规章一般情况下不影响合同效力，但该规章的内容涉及金融安全、市场秩序、国家宏观政策等公序良俗的，应当认定合同无效。人民法院在认定规章是否涉及公序良俗时，要在考察规范对象基础上，兼顾监管强度、交易安全保护以及社会影响等方面进行慎重考量，并在裁判文书中进行充分说理。

32.【合同不成立、无效或者被撤销的法律后果】《合同法》第 58 条就合同无效或者被撤销时的财产返还责任和损害赔偿责任作了规定，但未规定合同不成立的法律后果。考虑到合同不成立时也可能发生财产返还和损害赔偿责任问题，故应当参照适用该条的规定。

在确定合同不成立、无效或者被撤销后财产返还或者折价补偿范围时，要根据诚实信用原则的要求，在当事人之间合理分配，不能使不诚信的当事人因合同不成立、无效或者被撤销而获益。合同不成立、无效或者被撤销情况下，当事人所承担的缔约过失责任不应超过合同履行利益。比如，依据《最高人民法院关于审理建设工程施工合同纠纷案件适用法律问题的解释》第 2 条规定，建设工程施工合同无效，在建设工程经竣工验收合格情况下，可以参照合同约定支付工程款，但除非增加了合同约定之外新的工程项目，一般不应超出合同约定支付工程款。

33.【财产返还与折价补偿】合同不成立、无效或者被撤销后，在确定财产返还时，要充分考虑财产增值或者贬值的因素。双务合同不成立、无效或者被撤销后，双方因该合同取得财产的，应当相互返还。应予返还的股权、房屋等财产相对于合同约定价款出现增值或者贬值的，人民法院要综合考虑市场因素、受让人的经营或者添附等行为与财产增值或者贬值之间的关联性，在当事人之间合理分配或者分担，避免一方因合同不成立、无效或者被撤销而获益。在标的物已经灭失、转售他人或者其他无法返还的情况下，当事人主张返还原物的，人民法院不予支持，但其主张折价补偿的，人民法院依法予以支持。折价时，应当以当事人交易时约定的价款为基础，同时考虑当事人在标的物灭失或者转售时的获益情况综合确定补偿标准。标的物灭失时当事人获得的保险金或者其他赔偿金，转售时取得的对价，均属于当事人因标的物而获得的利益。对获益高于或者低于价款的部分，也应当在当事人之间合理分配或者分担。

34.【价款返还】双务合同不成立、无效或者被撤销时，标的物返还与价款返还互为对待给付，双方应当同时返还。关于应否支付利息问题，只要一方对标的物有使用情形的，一般应当支付使用费，该费用可与占有价款一方应当支付的资金占用费相互抵销，故在一方返还原物前，另一方仅须支付本金，而无须支付利息。

35.【损害赔偿】合同不成立、无效或者被撤销时，仅返还财产或者折价补偿不足以弥补损失，一方还可以向有过错的另一方请求损害赔偿。在确定损害赔偿范围时，既要根据当事人的过错程度合理确定责任，又要考虑在确定财产返还范围时已经考虑过的财产增值或者贬值因素，避免双重获利或者双重受损的现象发生。

36.【合同无效时的释明问题】在双务合同中，原告起诉请求确认合同有效并请求继续履行合同，被告主张合同无效的，或者原告起诉请求确认合同无效并返还财产，而被告主张合同有效的，都要防止机械适用“不告不理”原则，仅就当事人的诉讼请求进行审理，而应向原告释明变更或者增加诉讼请求，或者向被告释明提出同时履行抗辩，尽可能一次性解决纠纷。例如，基于合同有给付行为的原告请求确认合同无效，但并未提出返还原物或者折价补偿、赔偿损失等请求的，人民法院应当向其释明，告知其一并提出相应诉讼请求；原告请求确认合同无效并要求被告返还原物或者赔偿损失，被告基于合同也有给付行为的，人民法院同样应当向被告释明，告知其也可以提出返还请求；人民法院经审理认定合同无效的，除了要在判决书“本院认为”部分对同时返还作出认定外，还应当在判项中作出明确表述，避免因判令单方返还而出现不公平的结果。

第一审人民法院未予释明，第二审人民法院认为应当对合同不成立、无效或者被撤销的法律后果作出判决的，可以直接释明并改判。当然，如果返还财产或者赔偿损失的范围确实难以确定或者双方争议较大的，也可以告知当事人通过另行起诉等方式解决，并在裁判文书中予以明确。

当事人按照释明变更诉讼请求或者提出抗辩的，人民法院应当将其归纳为案件争议焦点，组织当事人充分举证、质证、辩论。

37.【未经批准合同的效力】法律、行政法规规定某类合同应当办理批准手续生效的，如商业银行法、证券法、保险法等法律规定购买商业银行、证券公司、保险公司5%以上股权须经相关主管部门批准，依据《合同法》第44条第2款的规定，批准是合同的法定生效条件，未经批准的合同因欠缺法律规定的特别生效条件而未生效。实践中的一个突出问题是，把未生效合同认定为无效合同，或者虽认定为未生效，却按无效合同处理。无效合同从本质上来说是欠缺合同的有效要件，或者具有合同无效的法定事由，自始不发生法律效力。而未生效合同已具备合同的有效要件，对双方具有一定的拘束力，任何一方不得擅自撤回、解除、变更，但因欠缺法律、行政法规规定或当事人约定的特别生效条件，在该生效条件成就前，不能产生请求对方履行合同主要权利义务的法律效力。

38.【报批义务及相关违约条款独立生效】须经行政机关批准生效的合同，对报批义务及未履行报批义务的违约责任等相关内容作出专门约定的，该约定独立生效。一方因另一方不履行报批义务，请求解除合同并请求其承担合同约定的相应违约责任的，人民法院依法予以支持。

39.【报批义务的释明】须经行政机关批准生效的合同，一方请求另一方履行合同主要权利义务的，人民法院应当向其释明，将诉讼请求变更为请求履行报批义务。一方变更诉讼请求的，人民法院依法予以支持；经释明后当事人拒绝变更的，应当驳回其诉讼请求，但不影响其另行提起诉讼。

40.【判决履行报批义务后的处理】人民法院判决一方履行报批义务后，该当事人拒绝履行，经人民法院强制执行仍未履行，对方请求其承担合同违约责任的，人民法院依法予以支持。一方依据判决履行报批义务，行政机关予以批准，合同发生完全的法律效力，其请求对方履行合同的，人民法院依法予以支持；行政机关没有批准，合同不具有法律上的可履行性，一方请求解除合同的，人民法院依法予以支持。

41.【盖章行为的法律效力】司法实践中，有些公司有意刻制两套甚至多套公章，有的法定代表人或者代理人甚至私刻公章，订立合同时恶意加盖非备案的公章或者假公章，发生纠纷后法人以加盖的是假公章为由否定合同效力的情形并不鲜见。人民法院在审理案件时，应当主要审查签约人于盖章之时有无代表权或者代理权，从而根据代表或者代理的相关规则来确定合同的效力。

法定代表人或者其授权之人在合同上加盖法人公章的行为，表明其是以法人名义签订合同，除《公司法》第16条等法律对其职权有特别规定的情形外，应当由法人承担相应的法律后果。法人以法定代表人事后已无代表权、加盖的是假章、所盖之章与备案公章不一致等为由否定合同效力的，人民法院不予支持。

代理人以被代理人名义签订合同，要取得合法授权。代理人取得合法授权后，以被代理人名义签订的合同，应当由被代理人承担责任。被代理人以代理人事后已无代理权、加盖的是假章、所盖之章与备案公章不一致等为由否定合同效力的，人民法院不予支持。

42.【撤销权的行使】撤销权应当由当事人行使。当事人未请求撤销的，人民法院不应当依职权撤销合同。一方请求另一方履行合同，另一方以合同具有可撤销事由提出抗辩的，人民法院应当在审查合同是否具有可撤销事由以及是否超过法定期间等事实的基础上，对合同是否可撤销作出判断，不能仅以当事人未提起诉讼或者反诉为由不予审查或者不予支持。一方主张合同无效，依据的却是可撤销事由，此时人民法院应当全面审查合同是否具有无效事由以及当事人主张的可撤销事由。当事人关于合同无效的事由成立的，人民法院应当认定合同无效。当事人主张合同无效的理由不成立，而可撤销的事由成立的，因合同无效和可撤销的后果相同，人民法院也可以结合当事人的诉讼请求，直接判决撤销合同。

（二）关于合同履行与救济

在认定以物抵债协议的性质和效力时，要根据订立协议时履行期限是否已经届满予以区别对待。合同解除、违约责任都是非违约方寻求救济的主要方式，人民法院在认定合同应否解除时，要根据当事人有无解除权、是约定解除还是法定解除等不同情形，分别予以处理。在确定违约责任时，尤其要注意依法适用违约金调整的相关规则，避免简单地以民间借贷利率的司法保护上限作为调整依据。

43.【抵销】抵销权既可以通知的方式行使，也可以提出抗辩或者提起反诉的方式行使。抵销的意思表示自到达对方时生效，抵销一经生效，其效力溯及自抵销条件成就之时，双方互负的债务在同等数额内消灭。双方互负的债务数额，是截至抵销条件成就之时各自负有的包括主债务、利息、违约金、赔偿金等在内的全部债务数额。行使抵销权一方享有的债权不足以抵销全部债务数额，当事人对抵销顺序又没有特别约定的，应当根据实现债权的费用、利息、主债务的顺序进行抵销。

44.【履行期届满后达成的以物抵债协议】当事人在债务履行期限届满后达成以物抵债协议，抵债物尚未交付债权人，债权人请求债务人交付的，人民法院要着重审查以物抵债协议是否存在恶意损害第三人合法权益等情形，避免虚假诉讼的发生。经审查，不存在以上情况，且无其他无效事由的，人民法院依法予以支持。

当事人在一审程序中因达成以物抵债协议申请撤回起诉的，人民法院可予准许。当事人在二审程序中申请撤回上诉的，人民法院应当告知其申请撤回起诉。当事人申请撤回起诉，经审查不损害国家利益、社会公共利益、他人合法权益的，人民法院可予准许。当事人不申请撤回起诉，请求人民法院出具调解书对以物抵债协议予以确认的，因债务人完全可以立即履行该协议，没有必要由人民法院出具调解书，故人民法院不应准许，同时应当继续对原债权债务关系进行审理。

45.【履行期届满前达成的以物抵债协议】当事人在债务履行期届满前达成以物抵债协议，抵债物尚未交付债权人，债权人请求债务人交付的，因此种情况不同于本纪要第71条规定的让与担保，人民法院应当向其释明，其应当根据原债权债务关系提起诉讼。经释明后当事人仍拒绝变更诉讼请求的，应当驳回其诉讼请求，但不影响其根据原债权债务关系另行提起诉讼。

46.【通知解除的条件】审判实践中，部分人民法院对合同法司法解释（二）第24条的理解存在偏差，认为不论发出解除通知的一方有无解除权，只要另一方未在异议期限内以起诉方式提出异议，就判令解除合同，这不符合合同法关于合同解除权行使的有关规定。对该条的准确理解是，只有享有法定或者约定解除权的当事人才能以通知方式解除合同。不享有解除权的一方向另一方发出解除通知，另一方即便未在异议期限内提起诉讼，也不发生合同解除的效果。人民法院在审理案件时，应当审查发出解除通知的一方是否享有约定或者法定的解除权来决定合同应否解除，不能仅以受通知一方在约定或者法定的异议期限届满内未起诉这一事实就认定合同已经解除。

47.【约定解除条件】合同约定的解除条件成就时，守约方以此为由请求解除合同的，人民法院应当审查违约方的违约程度是否显著轻微，是否影响守约方合同目的的实现，根据诚实信用原则，确定合同应否解除。违约方的违约程度显著轻微，不影响守约方合同目的的实现，守约方请求解除合同的，人民法院不予支持；反之，则依法予以支持。

48.【违约方起诉解除】违约方不享有单方解除合同的权利。但是，在一些长期性合同如房屋租赁合同履行过程中，双方形成合同僵局，一概不允许违约方通过起诉的方式解除合同，有时对双方都不利。在此前提下，符合下列条件，违约方起诉请求解除合同的，人民法院依法予以支持：

（1）违约方不存在恶意违约的情形；

（2）违约方继续履行合同，对其显失公平；

（3）守约方拒绝解除合同，违反诚实信用原则。

人民法院判决解除合同的，违约方本应当承担的违约责任不能因解除合同而减少或者免除。

49.【合同解除的法律后果】合同解除时，一方依据合同中有关违约金、约定损害赔偿的计算方法、定金责任等违约责任条款的约定，请求另一方承担违约责任的，人民法院依法予以支持。

双务合同解除时人民法院的释明问题，参照本纪要第 36 条的相关规定处理。

50.【违约金过高标准及举证责任】认定约定违约金是否过高，一般应当以《合同法》第 113 条规定的损失为基础进行判断，这里的损失包括合同履行后可以获得的利益。除借款合同外的双务合同，作为对价的价款或者报酬给付之债，并非借款合同项下的还款义务，不能以受法律保护的民间借贷利率上限作为判断违约金是否过高的标准，而应当兼顾合同履行情况、当事人过错程度以及预期利益等因素综合确定。主张违约金过高的违约方应当对违约金是否过高承担举证责任。

（三）关于借款合同

人民法院在审理借款合同纠纷案件过程中，要根据防范化解重大金融风险、金融服务实体经济、降低融资成本的精神，区别对待金融借贷与民间借贷，并适用不同规则与利率标准。要依法否定高利转贷行为、职业放贷行为的效力，充分发挥司法的示范、引导作用，促进金融服务实体经济。要注意到，为深化利率市场化改革，推动降低实体利率水平，自 2019 年 8 月 20 日起，中国人民银行已经授权全国银行间同业拆借中心于每月 20 日（遇节假日顺延）9 时 30 分公布贷款市场报价利率（LPR），中国人民银行贷款基准利率这一标准已经取消。因此，自此之后人民法院裁判贷款利息的基本标准应改为全国银行间同业拆借中心公布的贷款市场报价利率。应予注意的是，贷款利率标准尽管发生了变化，但存款基准利率并未发生相应变化，相关标准仍可适用。

51.【变相利息的认定】金融借款合同纠纷中，借款人认为金融机构以服务费、咨询费、顾问费、管理费等为名变相收取利息，金融机构或者由其指定的人收取的相关费用不合理的，人民法院可以根据提供服务的实际情况确定借款人应否支付或者酌减相关费用。

52.【高利转贷】民间借贷中，出借人的资金必须是自有资金。出借人套取金融机构信贷资金又高利转贷给借款人的民间借贷行为，既增加了融资成本，又扰乱了信贷秩序，根据民间借贷司法解释第 14 条第 1 项的规定，应当认定此类民间借贷行为无效。人民法院在适用该条规定时，应当注意把握以下几点：一是要审查出借人的资金来源。借款人能够举证证明在签订借款合同时出借人尚欠银行贷款未还的，一般可以推定为出借人套取信贷资金，但出借人能够举反证予以推翻的除外；二是从宽认定“高利”转贷行为的标准，只要出借人通过转贷行为牟利的，就可以认定为是“高利”转贷行为；三是对该条规定的“借款人事先知道或者应当知道的”要件，不宜把握过苛。实践中，只要出借人在签订借款合同时存在尚欠银行贷款未还事实的，一般可以认为满足了该条规定的“借款人事先知道或者应当知道”这一要件。

53.【职业放贷人】未依法取得放贷资格的以民间借贷为业的法人，以及以民间借贷为业的非法人组织或者自然人从事的民间借贷行为，应当依法认定无效。同一出借人在一定期间内多次反复从事有偿民间借贷行为的，一般可以认定为是职业放贷人。民间借贷比较活跃的地方的高级人民法院或者经其授权的中级人民法院，可以根据本地区的实际情况制定具体的认定标准。

四、关于担保纠纷案件的审理

会议认为，要注意担保法及其司法解释与物权法对独立担保、混合担保、担保期间等有关制度的不同规定，根据新的规定优于旧的规定的法律适用规则，优先适用物权法的规定。从属性是担保的基本属性，要慎重认定独立担保行为的效力，将其严格限定在法律或者司法解释明确规定的情形。要根据区分原则，准确认定担保合同效力。要坚持物权法定、公示公信原则，区分不动产与动产担保物权在物权变动、效力规则等方面的异同，准确适用法律。要充分发挥担保对缓解融资难融资贵问题的积极作用，不轻易否定新类型担保、非典型担保的合同效力及担保功能。

（一）关于担保的一般规则

54.【独立担保】从属性是担保的基本属性，但由银行或者非银行金融机构开立的独立保函除外。独立保函纠纷案件依据《最高人民法院关于审理独立保函纠纷案件若干问题的规定》处理。需要进一步明确的是：凡是由银行或者非银行金融机构开立的符合该司法解释第 1 条、第 3 条规定情形的保函，无论是用于国际商事交易还是用于国内商事交易，均不影响保函的效力。银行或者非银行金融机构之外的当事人开立的独立保函，以及当事人有关排除担保从属性的约定，应当认定无效。但是，根据"无效法律行为的转换"原理，在否定其独立担保效力的同时，应当将其认定为从属性担保。此时，如果主合同有效，则担保合同有效，担保人与主债务人承担连带保证责任。主合同无效，则该所谓的独立担保也随之无效，担保人无过错的，不承担责任；担保人有过错的，其承担民事责任的部分，不应超过债务人不能清偿部分的三分之一。

55.【担保责任的范围】担保人承担的担保责任范围不应当大于主债务，是担保从属性的必然要求。当事人约定的担保责任的范围大于主债务的，如针对担保责任约定专门的违约责任、担保责任的数额高于主债务、担保责任约定的利息高于主债务利息、担保责任的履行期先于主债务履行期届满，等等，均应当认定大于主债务部分的约定无效，从而使担保责任缩减至主债务的范围。

56.【混合担保中担保人之间的追偿问题】被担保的债权既有保证又有第三人提供的物的担保的，担保法司法解释第 38 条明确规定，承担了担保责任的担保人可以要求其他担保人清偿其应当分担的份额。但《物权法》第 176 条并未作出类似规定，根据《物权法》第 178 条关于“担保法与本法的规定不一致的，适用本法”的规定，承担了担保责任的担保人向其他担保人追偿的，人民法院不予支持，但担保人在担保合同中约定可以相互追偿的除外。

57.【借新还旧的担保物权】贷款到期后，借款人与贷款人订立新的借款合同，将新贷用于归还旧贷，旧贷因清偿而消灭，为旧贷设立的担保物权也随之消灭。贷款人以旧贷上的担保物权尚未进行涂销登记为由，主张对新贷行使担保物权的，人民法院不予支持，但当事人约定继续为新贷提供担保的除外。

58.【担保债权的范围】以登记作为公示方式的不动产担保物权的担保范围，一般应当以登记的范围为准。但是，我国目前不动产担保物权登记，不同地区的系统设置及登记规则并不一致，人民法院在审理案件时应当充分注意制度设计上的差别，作出符合实际的判断：一是多数省区市的登记系统未设置“担保范围”栏目，仅有“被担保主债权数额（最高债权数额）”的表述，且只能填写固定数字。而当事人在合同中又往往约定担保物权的担保范围包括主债权及其利息、违约金等附属债权，致使合同约定的担保范围与登记不一致。显然，这种不一致是由于该地区登记系统设置及登记规则造成的该地区的普遍现象。人民法院以合同约定认定担保物权的担保范围，是符合实际的妥当选择。二是一些省区市不动产登记系统设置与登记规则比较规范，担保物权登记范围与合同约定一致在该地区是常态或者普遍现象，人民法院在审理案件时，应当以登记的担保范围为准。

59.【主债权诉讼时效届满的法律后果】抵押权人应当在主债权的诉讼时效期间内行使抵押权。抵押权人在主债权诉讼时效届满前未行使抵押权，抵押人在主债权诉讼时效届满后请求涂销抵押权登记的，人民法院依法予以支持。

以登记作为公示方法的权利质权，参照适用前款规定。

（二）关于不动产担保物权

60.【未办理登记的不动产抵押合同的效力】不动产抵押合同依法成立，但未办理抵押登记手续，债权人请求抵押人办理抵押登记手续的，人民法院依法予以支持。因抵押物灭失以及抵押物转让他人等原因不能办理抵押登记，债权人请求抵押人以抵押物的价值为限承担责任的，人民法院依法予以支持，但其范围不得超过抵押权有效设立时抵押人所应当承担的责任。

61.【房地分别抵押】根据《物权法》第 182 条之规定，仅以建筑物设定抵押的，抵押权的效力及于占用范围内的土地；仅以建设用地使用权抵押的，抵押权的效力亦及于其上的建筑物。在房地分别抵押，即建设用地使用权抵押给一个债权人，而其上的建筑物又抵押给另一个人的情况下，可能产生两个抵押权的冲突问题。基于“房地一体”规则，此时应当将建筑物和建设用地使用权视为同一财产，从而依照《物权法》第 199 条的规定确定清偿顺序：登记在先的先清偿；同时登记的，按照债权比例清偿。同一天登记的，视为同时登记。应予注意的是，根据《物权法》第 200 条的规定，建设用地使用权抵押后，该土地上新增的建筑物不属于抵押财产。

62.【抵押权随主债权转让】抵押权是从属于主合同的从权利，根据“从随主”规则，债权转让的，除法律另有规定或者当事人另有约定外，担保该债权的抵押权一并转让。受让人向抵押人主张行使抵押权，抵押人以受让人不是抵押合同的当事人、未办理变更登记等为由提出抗辩的，人民法院不予支持。

（三）关于动产担保物权

63.【流动质押的设立与监管人的责任】在流动质押中，经常由债权人、出质人与监管人订立三方监管协议，此时应当查明监管人究竟是受债权人的委托还是受出质人的委托监管质物，确定质物是否已经交付债权人，从而判断质权是否有效设立。如果监管人系受债权人的委托监管质物，则其是债权人的直接占有人，应当认定完成了质物交付，质权有效设立。监管人违反监管协议约定，违规向出质人放货、因保管不善导致质物毁损灭失，债权人请求监管人承担违约责任的，人民法院依法予以支持。

如果监管人系受出质人委托监管质物，表明质物并未交付债权人，应当认定质权未有效设立。尽管监管协议约定监管人系受债权人的委托监管质物，但有证据证明其并未履行监管职责，质物实际上仍由出质人管领控制的，也应当认定质物并未实际交付，质权未有效设立。此时，债权人可以基于质押合同的约定请求质押人承担违约责任，但其范围不得超过质权有效设立时质押人所应当承担的责任。监管人未履行监管职责的，债权人也可以请求监管人承担违约责任。

64.【浮动抵押的效力】企业将其现有的以及将有的生产设备、原材料、半成品及产品等财产设定浮动抵押后，又将其中的生产设备等部分财产设定了动产抵押，并都办理了抵押登记的，根据《物权法》第 199 条的规定，登记在先的浮动抵押优先于登记在后的动产抵押。

65.【动产抵押权与质权竞存】同一动产上同时设立质权和抵押权的，应当参照适用《物权法》第 199 条的规定，根据是否完成公示以及公示先后情况来确定清偿顺序：质权有效设立、抵押权办理了抵押登记的，按照公示先后确定清偿顺序；顺序相同的，按照债权比例清偿；质权有效设立，抵押权未办理抵押登记的，质权优先于抵押权；质权未有效设立，抵押权未办理抵押登记的，因此时抵押权已经有效设立，故抵押权优先受偿。

根据《物权法》第 178 条规定的精神，担保法司法解释第 79 条第 1 款不再适用。

（四）关于非典型担保

66.【担保关系的认定】当事人订立的具有担保功能的合同，不存在法定无效情形的，应当认定有效。虽然合同约定的权利义务关系不属于物权法规定的典型担保类型，但是其担保功能应予肯定。

67.【约定担保物权的效力】债权人与担保人订立担保

合同，约定以法律、行政法规未禁止抵押或者质押的财产设定以登记作为公示方法的担保，因无法定的登记机构而未能进行登记的，不具有物权效力。当事人请求按照担保合同的约定就该财产折价、变卖或者拍卖所得价款等方式清偿债务的，人民法院依法予以支持，但对其他权利人不具有对抗效力和优先性。

68.【保兑仓交易】保兑仓交易作为一种新类型融资担保方式，其基本交易模式是，以银行信用为载体、以银行承兑汇票为结算工具、由银行控制货权、卖方（或者仓储方）受托保管货物并以承兑汇票与保证金之间的差额作为担保。其基本的交易流程是：卖方、买方和银行订立三方合作协议，其中买方向银行缴存一定比例的承兑保证金，银行向买方签发以卖方为收款人的银行承兑汇票，买方将银行承兑汇票交付卖方作为货款，银行根据买方缴纳的保证金的一定比例向卖方签发提货单，卖方根据提货单向买方交付对应金额的货物，买方销售货物后，将货款再缴存为保证金。

在三方协议中，一般来说，银行的主要义务是及时签发承兑汇票并按约定方式将其交给卖方，卖方的主要义务是根据银行签发的提货单发货，并在买方未及时销售或者回赎货物时，就保证金与承兑汇票之间的差额部分承担责任。银行为保障自身利益，往往还会约定卖方要将货物交给由其指定的当事人监管，并设定质押，从而涉及监管协议以及流动质押等问题。实践中，当事人还可能在前述基本交易模式基础上另行作出其他约定，只要不违反法律、行政法规的效力性强制性规定，这些约定应当认定有效。

一方当事人因保兑仓交易纠纷提起诉讼的，人民法院应当以保兑仓交易合同作为审理案件的基本依据，但买卖双方没有真实买卖关系的除外。

69.【无真实贸易背景的保兑仓交易】保兑仓交易以买卖双方有真实买卖关系为前提。双方无真实买卖关系的，该交易属于名为保兑仓交易实为借款合同，保兑仓交易因构成虚伪意思表示而无效，被隐藏的借款合同是当事人的真实意思表示，如不存在其他合同无效情形，应当认定有效。保兑仓交易认定为借款合同关系的，不影响卖方和银行之间担保关系的效力，卖方仍应当承担担保责任。

70.【保兑仓交易的合并审理】当事人就保兑仓交易中的不同法律关系的相对方分别或者同时向同一人民法院起诉的，人民法院可以根据民事诉讼法司法解释第 221 条的规定，合并审理。当事人未起诉某一方当事人的，人民法院可以依职权追加未参加诉讼的当事人为第三人，以便查明相关事实，正确认定责任。

71.【让与担保】债务人或者第三人与债权人订立合同，约定将财产形式上转让至债权人名下，债务人到期清偿债务，债权人将该财产返还给债务人或第三人，债务人到期没有清偿债务，债权人可以对财产拍卖、变卖、折价偿还债权的，人民法院应当认定合同有效。合同如果约定债务人到期没有清偿债务，财产归债权人所有的，人民法院应当认定该部分约定无效，但不影响合同其他部分的效力。

当事人根据上述合同约定，已经完成财产权利变动的公示方式转让至债权人名下，债务人到期没有清偿债务，债权人请求确认财产归其所有的，人民法院不予支持，但债权人请求参照法律关于担保物权的规定对财产拍卖、变卖、折价优先偿还其债权的，人民法院依法予以支持。债务人因到期没有清偿债务，请求对该财产拍卖、变卖、折价偿还所欠债权人合同项下债务的，人民法院亦应依法予以支持。

五、关于金融消费者权益保护纠纷案件的审理

会议认为，在审理金融产品发行人、销售者以及金融服务提供者（以下简称卖方机构）与金融消费者之间因销售各类高风险等级金融产品和为金融消费者参与高风险等级投资活动提供服务而引发的民商事案件中，必须坚持“卖者尽责、买者自负”原则，将金融消费者是否充分了解相关金融产品、投资活动的性质及风险并在此基础上作出自主决定作为应当查明的案件基本事实，依法保护金融消费者的合法权益，规范卖方机构的经营行为，推动形成公开、公平、公正的市场环境和市场秩序。

72.【适当性义务】适当性义务是指卖方机构在向金融消费者推介、销售银行理财产品、保险投资产品、信托理财产品、券商集合理财计划、杠杆基金份额、期权及其他场外衍生品等高风险等级金融产品，以及为金融消费者参与融资融券、新三板、创业板、科创板、期货等高风险等级投资活动提供服务的过程中，必须履行的了解客户、了解产品、将适当的产品（或者服务）销售（或者提供）给适合的金融消费者等义务。卖方机构承担适当性义务的目的是为了确保金融消费者能够在充分了解相关金融产品、投资活动的性质及风险的基础上作出自主决定，并承受由此产生的收益和风险。在推介、销售高风险等级金融产品和提供高风险等级金融服务领域，适当性义务的履行是“卖者尽责”的主要内容，也是“买者自负”的前提和基础。

73.【法律适用规则】在确定卖方机构适当性义务的内容时，应当以合同法、证券法、证券投资基金法、信托法等法律规定的基本原则和国务院发布的规范性文件作为主要依据。相关部门在部门规章、规范性文件中对高风险等级金融产品的推介、销售，以及为金融消费者参与高风险等级投资活动提供服务作出的监管规定，与法律和国务院发布的规范性文件的规定不相抵触的，可以参照适用。

74.【责任主体】金融产品发行人、销售者未尽适当性义务，导致金融消费者在购买金融产品过程中遭受损失的，金融消费者既可以请求金融产品的发行人承担赔偿责任，也可以请求金融产品的销售者承担赔偿责任，还可以根据《民法总则》第167条的规定，请求金融产品的发行人、销售者共同承担连带赔偿责任。发行人、销售者请求人民法院明确各自的责任份额的，人民法院可以在判决发行人、销售者对金融消费者承担连带赔偿责任的同时，明确发行人、销售者在实际承担了赔偿责任后，有权向责任方追偿其应当承担的赔偿份额。

金融服务提供者未尽适当性义务，导致金融消费者在接受金融服务后参与高风险等级投资活动遭受损失的，金融消费者可以请求金融服务提供者承担赔偿责任。

75.【举证责任分配】在案件审理过程中，金融消费者应当对购买产品（或者接受服务）、遭受的损失等事实承担举证责任。卖方机构对其是否履行了适当性义务承担举证责任。卖方机构不能提供其已经建立了金融产品（或者服务）的风险评估及相应管理制度、对金融消费者的风险认知、风险偏好和风险承受能力进行了测试、向金融消费者告知产品（或者服务）的收益和主要风险因素等相关证据的，应当承担举证不能的法律后果。

76.【告知说明义务】告知说明义务的履行是金融消费者能够真正了解各类高风险等级金融产品或者高风险等级投资活动的投资风险和收益的关键，人民法院应当根据产品、投资活动的风险和金融消费者的实际情况，综合理性人能够理解的客观标准和金融消费者能够理解的主观标准来确定卖方机构是否已经履行了告知说明义务。卖方机构简单地以金融消费者手写了诸如“本人明确知悉可能存在本金损失风险”等内容主张其已经履行了告知说明义务，不能提供其他相关证据的，人民法院对其抗辩理由不予支持。

77.【损失赔偿数额】卖方机构未尽适当性义务导致金融消费者损失的，应当赔偿金融消费者所受的实际损失。实际损失为损失的本金和利息，利息按照中国人民银行发布的同期同类存款基准利率计算。

金融消费者因购买高风险等级金融产品或者为参与高风险投资活动接受服务，以卖方机构存在欺诈行为为由，主张卖方机构应当根据《消费者权益保护法》第 55 条的规定承担惩罚性赔偿责任的，人民法院不予支持。卖方机构的行为构成欺诈的，对金融消费者提出赔偿其支付金钱总额的利息损失请求，应当注意区分不同情况进行处理：

（1）金融产品的合同文本中载明了预期收益率、业绩比较基准或者类似约定的，可以将其作为计算利息损失的标准；

（2）合同文本以浮动区间的方式对预期收益率或者业绩比较基准等进行约定，金融消费者请求按照约定的上限作为利息损失计算标准的，人民法院依法予以支持；

（3）合同文本虽然没有关于预期收益率、业绩比较基准或者类似约定，但金融消费者能够提供证据证明产品发行的广告宣传资料中载明了预期收益率、业绩比较基准或者类似表述的，应当将宣传资料作为合同文本的组成部分；

（4）合同文本及广告宣传资料中未载明预期收益率、业绩比较基准或者类似表述的，按照全国银行间同业拆借中心公布的贷款市场报价利率计算。

78.【免责事由】因金融消费者故意提供虚假信息、拒绝听取卖方机构的建议等自身原因导致其购买产品或者接受服务不适当，卖方机构请求免除相应责任的，人民法院依法予以支持，但金融消费者能够证明该虚假信息的出具系卖方机构误导的除外。卖方机构能够举证证明根据金融消费者的既往投资经验、受教育程度等事实，适当性义务的违反并未影响金融消费者作出自主决定的，对其关于应当由金融消费者自负投资风险的抗辩理由，人民法院依法予以支持。

六、关于证券纠纷案件的审理

（一）关于证券虚假陈述

会议认为，《最高人民法院关于审理证券市场因虚假陈述引发的民事赔偿案件的若干规定》施行以来，证券市场的发展出现了新的情况，证券虚假陈述纠纷案件的审理对司法能力提出了更高的要求。在案件审理过程中，对于需要借助其他学科领域的专业知识进行职业判断的问题，要充分发挥专家证人的作用，使得案件的事实认定符合证券市场的基本常识和普遍认知或者认可的经验法则，责任承担与侵权行为及其主观过错程度相匹配，在切实维护投资者合法权益的同时，通过民事责任追究实现震慑违法的功能，维护公开、公平、公正的资本市场秩序。

79.【共同管辖的案件移送】原告以发行人、上市公司以外的虚假陈述行为人为被告提起诉讼，被告申请追加发行人或者上市公司为共同被告的，人民法院应予准许。人民法院在追加后发现其他有管辖权的人民法院已先行受理因同一虚假陈述引发的民事赔偿案件的，应当按照民事诉讼法司法解释第36条的规定，将案件移送给先立案的人民法院。

80.【案件审理方式】案件审理方式方面，在传统的“一案一立、分别审理”的方式之外，一些人民法院已经进行了将部分案件合并审理、在示范判决基础上委托调解等改革，初步实现了案件审理的集约化和诉讼经济。在认真总结审判实践经验的基础上，有条件的地方人民法院可以选择个案以《民事诉讼法》第54条规定的代表人诉讼方式进行审理，逐步展开试点工作。就案件审理中涉及的适格原告范围认定、公告通知方式、投资者权利登记、代表人推选、执行款项的发放等具体工作，积极协调相关部门和有关方面，推动信息技术审判辅助平台和常态化、可持续的工作机制建设，保障投资者能够便捷、高效、透明和低成本地维护自身合法权益，为构建符合中国国情的证券民事诉讼制度积累审判经验，培养审判队伍。

81.【立案登记】多个投资者就同一虚假陈述向人民法院提起诉讼，可以采用代表人诉讼方式对案件进行审理的，人民法院在登记立案时可以根据原告起诉状中所描述的虚假陈述的数量、性质及其实施日、揭露日或者更正日等时间节点，将投资者作为共同原告统一立案登记。原告主张被告实施了多个虚假陈述的，可以分别立案登记。

82.【案件甄别及程序决定】人民法院决定采用《民事诉讼法》第54条规定的方式审理案件的，在发出公告前，应当先行就被告的行为是否构成虚假陈述，投资者的交易方向与诱多、诱空的虚假陈述是否一致，以及虚假陈述的实施日、揭露日或者更正日等案件基本事实进行审查。

83.【选定代表人】权利登记的期间届满后，人民法院应当通知当事人在指定期间内完成代表人的推选工作。推选不出代表人的，人民法院可以与当事人商定代表人。人民法院在提出人选时，应当将当事人诉讼请求的典型性和利益诉求的份额等作为考量因素，确保代表行为能够充分、公正地表达投资者的诉讼主张。国家设立的投资者保护机构以自己的名义提起诉讼，或者接受投资者的委托指派工作人员或者委托诉讼代理人参与案件审理活动的，人民法院可以商定该机构或者其代理的当事人作为代表人。

84.【揭露日和更正日的认定】虚假陈述的揭露和更正，是指虚假陈述被市场所知悉、了解，其精确程度并不以"镜像规则"为必要，不要求达到全面、完整、准确的程度。原则上，只要交易市场对监管部门立案调查、权威媒体刊载的揭露文章等信息存在着明显的反应，对一方主张市场已经知悉虚假陈述的抗辩，人民法院依法予以支持。

85.【重大性要件的认定】审判实践中，部分人民法院对重大性要件和信赖要件存在着混淆认识，以行政处罚认定的信息披露违法行为对投资者的交易决定没有影响为由否定违法行为的重大性，应当引起注意。重大性是指可能对投资者进行投资决策具有重要影响的信息，虚假陈述已经被监管部门行政处罚的，应当认为是具有重大性的违法行为。在案件审理过程中，对于一方提出的监管部门作出处罚决定的行为不具有重大性的抗辩，人民法院不予支持，同时应当向其释明，该抗辩并非民商事案件的审理范围，应当通过行政复议、行政诉讼加以解决。

（二）关于场外配资

会议认为，将证券市场的信用交易纳入国家统一监管的范围，是维护金融市场透明度和金融稳定的重要内容。不受监管的场外配资业务，不仅盲目扩张了资本市场信用交易的规模，也容易冲击资本市场的交易秩序。融资融券作为证券市场的主要信用交易方式和证券经营机构的核心业务之一，依法属于国家特许经营的金融业务，未经依法批准，任何单位和个人不得非法从事配资业务。

86.【场外配资合同的效力】从审判实践看，场外配资业务主要是指一些 P2P 公司或者私募类配资公司利用互联网信息技术，搭建起游离于监管体系之外的融资业务平台，将资金融出方、资金融入方即用资人和券商营业部三方连接起来，配资公司利用计算机软件系统的二级分仓功能将其自有资金或者以较低成本融入的资金出借给用资人，赚取利息收入的行为。这些场外配资公司所开展的经营活动，本质上属于只有证券公司才能依法开展的融资活动，不仅规避了监管部门对融资融券业务中资金来源、投资标的、杠杆比例等诸多方面的限制，也加剧了市场的非理性波动。在案件审理过程中，除依法取得融资融券资格的证券公司与客户开展的融资融券业务外，对其他任何单位或者个人与用资人的场外配资合同，人民法院应当根据《证券法》第 142 条、合同法司法解释（一）第 10 条的规定，认定为无效。

87.【合同无效的责任承担】场外配资合同被确认无效后，配资方依场外配资合同的约定，请求用资人向其支付约定的利息和费用的，人民法院不予支持。

配资方依场外配资合同的约定，请求分享用资人因使用配资所产生的收益的，人民法院不予支持。

用资人以其因使用配资导致投资损失为由请求配资方予以赔偿的，人民法院不予支持。用资人能够证明因配资方采取更改密码等方式控制账户使得用资人无法及时平仓止损，并据此请求配资方赔偿其因此遭受的损失的，人民法院依法予以支持。

用资人能够证明配资合同是因配资方招揽、劝诱而订立，请求配资方赔偿其全部或者部分损失的，人民法院应当综合考虑配资方招揽、劝诱行为的方式、对用资人的实际影响、用资人自身的投资经历、风险判断和承受能力等因素，判决配资方承担与其过错相适应的赔偿责任。

七、关于营业信托纠纷案件的审理

会议认为，从审判实践看，营业信托纠纷主要表现为事务管理信托纠纷和主动管理信托纠纷两种类型。在事务管理信托纠纷案件中，对信托公司开展和参与的多层嵌套、通道业务、回购承诺等融资活动，要以其实际构成的法律关系确定其效力，并在此基础上依法确定各方的权利义务。在主动管理信托纠纷案件中，应当重点审查受托人在“受人之托，忠人之事”的财产管理过程中，是否恪尽职守，履行了谨慎、有效管理等法定或者约定义务。

88.【营业信托纠纷的认定】信托公司根据法律法规以及金融监督管理部门的监管规定，以取得信托报酬为目的接受委托人的委托，以受托人身份处理信托事务的经营行为，属于营业信托。由此产生的信托当事人之间的纠纷，为营业信托纠纷。

根据《关于规范金融机构资产管理业务的指导意见》的规定，其他金融机构开展的资产管理业务构成信托关系的，当事人之间的纠纷适用信托法及其他有关规定处理。

89.【资产或者资产收益权转让及回购】信托公司在资金信托成立后，以募集的信托资金受让特定资产或者特定资产收益权，属于信托公司在资金依法募集后的资金运用行为，由此引发的纠纷不应当认定为营业信托纠纷。如果合同中约定由转让方或者其指定的第三方在一定期间后以交易本金加上溢价款等固定价款无条件回购的，无论转让方所转让的标的物是否真实存在、是否实际交付或者过户，只要合同不存在法定无效事由，对信托公司提出的由转让方或者其指定的第三方按约定承担责任的诉讼请求，人民法院依法予以支持。

当事人在相关合同中同时约定采用信托公司受让目标公司股权、向目标公司增资方式并以相应股权担保债权实现的，应当认定在当事人之间成立让与担保法律关系。当事人之间的具体权利义务，根据本纪要第 71 条的规定加以确定。

90.【劣后级受益人的责任承担】信托文件及相关合同将受益人区分为优先级受益人和劣后级受益人等不同类别，约定优先级受益人以其财产认购信托计划份额，在信托到期后，劣后级受益人负有对优先级受益人从信托财产获得利益与其投资本金及约定收益之间的差额承担补足义务，优先级受益人请求劣后级受益人按照约定承担责任的，人民法院依法予以支持。

信托文件中关于不同类型受益人权利义务关系的约定，不影响受益人与受托人之间信托法律关系的认定。

91.【增信文件的性质】信托合同之外的当事人提供第三方差额补足、代为履行到期回购义务、流动性支持等类似承诺文件作为增信措施，其内容符合法律关于保证的规定的，人民法院应当认定当事人之间成立保证合同关系。其内容不符合法律关于保证的规定的，依据承诺文件的具体内容确定相应的权利义务关系，并根据案件事实情况确定相应的民事责任。

92.【保底或者刚兑条款无效】信托公司、商业银行等金融机构作为资产管理产品的受托人与受益人订立的含有保证本息固定回报、保证本金不受损失等保底或者刚兑条款的合同，人民法院应当认定该条款无效。受益人请求受托人对其损失承担与其过错相适应的赔偿责任的，人民法院依法予以支持。

实践中，保底或者刚兑条款通常不在资产管理产品合同中明确约定，而是以"抽屉协议"或者其他方式约定，不管形式如何，均应认定无效。

93.【通道业务的效力】当事人在信托文件中约定，委托人自主决定信托设立、信托财产运用对象、信托财产管理运用处分方式等事宜，自行承担信托资产的风险管理责任和相应风险损失，受托人仅提供必要的事务协助或者服务，不承担主动管理职责的，应当认定为通道业务。《中国人民银行、中国银行保险监督管理委员会、中国证券监督管理委员会、国家外汇管理局关于规范金融机构资产管理业务的指导意见》第 22 条在规定"金融机构不得为其他金融机构的资产管理产品提供规避投资范围、杠杆约束等监管要求的通道服务”的同时，也在第29条明确按照“新老划断”原则，将过渡期设置为截止2020年底，确保平稳过渡。在过渡期内，对通道业务中存在的利用信托通道掩盖风险，规避资金投向、资产分类、拨备计提和资本占用等监管规定，或者通过信托通道将表内资产虚假出表等信托业务，如果不存在其他无效事由，一方以信托目的违法违规为由请求确认无效的，人民法院不予支持。至于委托人和受托人之间的权利义务关系，应当依据信托文件的约定加以确定。

94.【受托人的举证责任】资产管理产品的委托人以受托人未履行勤勉尽责、公平对待客户等义务损害其合法权益为由，请求受托人承担损害赔偿责任的，应当由受托人举证证明其已经履行了义务。受托人不能举证证明，委托人请求其承担相应赔偿责任的，人民法院依法予以支持。

95.【信托财产的诉讼保全】信托财产在信托存续期间独立于委托人、受托人、受益人各自的固有财产。委托人将其财产委托给受托人进行管理，在信托依法设立后，该信托财产即独立于委托人未设立信托的其他固有财产。受托人因承诺信托而取得的信托财产，以及通过对信托财产的管理、运用、处分等方式取得的财产，均独立于受托人的固有财产。受益人对信托财产享有的权利表现为信托受益权，信托财产并非受益人的责任财产。因此，当事人因其与委托人、受托人或者受益人之间的纠纷申请对存管银行或者信托公司专门账户中的信托资金采取保全措施的，除符合《信托法》第17条规定的情形外，人民法院不应当准许。已经采取保全措施的，存管银行或者信托公司能够提供证据证明该账户为信托账户的，应当立即解除保全措施。对信托公司管理的其他信托财产的保全，也应当根据前述规则办理。

当事人申请对受益人的受益权采取保全措施的，人民法院应当根据《信托法》第 47 条的规定进行审查，决定是否采取保全措施。决定采取保全措施的，应当将保全裁定送达受托人和受益人。

96.【信托公司固有财产的诉讼保全】除信托公司作为被告外，原告申请对信托公司固有资金账户的资金采取保全措施的，人民法院不应准许。信托公司作为被告，确有必要对其固有财产采取诉讼保全措施的，必须强化善意执行理念，防范发生金融风险。要严格遵守相应的适用条件与法定程序，坚决杜绝超标的执行。在采取具体保全措施时，要尽量寻求依法平等保护各方利益的平衡点，优先采取方便执行且对信托公司正常经营影响最小的执行措施，能采取“活封”“活扣”措施的，尽量不进行“死封”“死扣”。在条件允许的情况下，可以为信托公司预留必要的流动资金和往来账户，最大限度降低对信托公司正常经营活动的不利影响。信托公司申请解除财产保全符合法律、司法解释规定情形的，应当在法定期限内及时解除保全措施。

八、关于财产保险合同纠纷案件的审理

会议认为，妥善审理财产保险合同纠纷案件，对于充分发挥保险的风险管理和保障功能，依法保护各方当事人合法权益，实现保险业持续健康发展和服务实体经济，具有重大意义。

97.【未依约支付保险费的合同效力】当事人在财产保险合同中约定以投保人支付保险费作为合同生效条件，但对该生效条件是否为全额支付保险费约定不明，已经支付了部分保险费的投保人主张保险合同已经生效的，人民法院依法予以支持。

98. 【仲裁协议对保险人的效力】被保险人和第三者在保险事故发生前达成的仲裁协议，对行使保险代位求偿权的保险人是否具有约束力，实务中存在争议。保险代位求偿权是一种法定债权转让，保险人在向被保险人赔偿保险金后，有权行使被保险人对第三者请求赔偿的权利。被保险人和第三者在保险事故发生前达成的仲裁协议，对保险人具有约束力。考虑到涉外民商事案件的处理常常涉及国际条约、国际惯例的适用，相关问题具有特殊性，故具有涉外因素的民商事纠纷案件中该问题的处理，不纳入本条规范的范围。

99. 【直接索赔的诉讼时效】商业责任保险的被保险人给第三者造成损害，被保险人对第三者应当承担的赔偿责任确定后，保险人应当根据被保险人的请求，直接向第三者赔偿保险金。被保险人怠于提出请求的，第三者有权依据《保险法》第 65 条第 2 款的规定，就其应获赔偿部分直接向保险人请求赔偿保险金。保险人拒绝赔偿的，第三者请求保险人直接赔偿保险金的诉讼时效期间的起算时间如何认定，实务中存在争议。根据诉讼时效制度的基本原理，第三者请求保险人直接赔偿保险金的诉讼时效期间，自其知道或者应当知道向保险人的保险金赔偿请求权行使条件成就之日起计算。

九、关于票据纠纷案件的审理

会议认为，人民法院在审理票据纠纷案件时，应当注意区分票据的种类和功能，正确理解票据行为无因性的立法目的，在维护票据流通性功能的同时，依法认定票据行为的效力，依法确认当事人之间的权利义务关系以及保护合法持票人的权益，防范和化解票据融资市场风险，维护票据市场的交易安全。

100. 【合谋伪造贴现申请材料的后果】贴现行的负责人或者有权从事该业务的工作人员与贴现申请人合谋，伪造贴现申请人与其前手之间具有真实的商品交易关系的合同、增值税专用发票等材料申请贴现，贴现行主张其享有票据权利的，人民法院不予支持。对贴现行因支付资金而产生的损失，按照基础关系处理。

101. 【民间贴现行为的效力】票据贴现属于国家特许经营业务，合法持票人向不具有法定贴现资质的当事人进行"贴现"的，该行为应当认定无效，贴现款和票据应当相互返还。当事人不能返还票据的，原合法持票人可以拒绝返还贴现款。人民法院在民商事案件审理过程中，发现不具有法定资质的当事人以"贴现"为业的，因该行为涉嫌犯罪，应当将有关材料移送公安机关。民商事案件的审理必须以相关刑事案件的审理结果为依据的，应当中止诉讼，待刑事案件审结后，再恢复案件的审理。案件的基本事实无须以相关刑事案件的审理结果为依据的，人民法院应当继续审理。

根据票据行为无因性原理，在合法持票人向不具有贴现资质的主体进行"贴现"，该"贴现"人给付贴现款后直接将票据交付其后手，其后手支付对价并记载自己为被背书人后，又基于真实的交易关系和债权债务关系将票据进行背书转让的情形下，应当认定最后持票人为合法持票人。

102. 【转贴现协议】转贴现是通过票据贴现持有票据的商业银行为了融通资金，在票据到期日之前将票据权利转让给其他商业银行，由转贴现行在收取一定的利息后，将转贴现款支付给持票人的票据转让行为。转贴现行提示付款被拒付后，依据转贴现协议的约定，请求未在票据上背书的转贴现申请人按照合同法律关系返还转贴现款并赔偿损失的，案由应当确定为合同纠纷。转贴现合同法律关系有效成立的，对于原告的诉讼请求，人民法院依法予以支持。当事人虚构转贴现事实，或者当事人之间不存在真实的转贴现合同法律关系的，人民法院应当向当事人释明按照真实交易关系提出诉讼请求，并按照真实交易关系和当事人约定本意依法确定当事人的责任。

103.【票据清单交易、封包交易案件中的票据权利】审判实践中，以票据贴现为手段的多链条融资模式引发的案件应当引起重视。这种交易俗称票据清单交易、封包交易，是指商业银行之间就案涉票据订立转贴现或者回购协议，附以票据清单，或者将票据封包作为质押，双方约定按照票据清单中列明的基本信息进行票据转贴现或者回购，但往往并不进行票据交付和背书。实务中，双方还往往再订立一份代保管协议，约定由原票据持有人代对方继续持有票据，从而实现合法、合规的形式要求。

出资银行仅以参与交易的单个或者部分银行为被告提起诉讼行使票据追索权，被告能够举证证明票据交易存在诸如不符合正常转贴现交易顺序的倒打款、未进行背书转让、票据未实际交付等相关证据，并据此主张相关金融机构之间并无转贴现的真实意思表示，抗辩出资银行不享有票据权利的，人民法院依法予以支持。

出资银行在取得商业承兑汇票后又将票据转贴现给其他

商业银行，持票人向其前手主张票据权利的，人民法院依法予以支持。

104.【票据清单交易、封包交易案件的处理原则】在村镇银行、农信社等作为直贴行，农信社、农商行、城商行、股份制银行等多家金融机构共同开展以商业承兑汇票为基础的票据清单交易、封包交易引发的纠纷案件中，在商业承兑汇票的出票人等实际用资人不能归还票款的情况下，为实现纠纷的一次性解决，出资银行以实际用资人和参与交易的其他金融机构为共同被告，请求实际用资人归还本息、参与交易的其他金融机构承担与其过错相适应的赔偿责任的，人民法院依法予以支持。

出资银行仅以整个交易链条的部分当事人为被告提起诉讼的，人民法院应当向其释明，其应当申请追加参与交易的其他当事人作为共同被告。出资银行拒绝追加实际用资人为被告的，人民法院应当驳回其诉讼请求；出资银行拒绝追加参与交易的其他金融机构为被告的，人民法院在确定其他金融机构的过错责任范围时，应当将未参加诉讼的当事人应当承担的相应份额作为考量因素，相应减轻本案当事人的责任。在确定参与交易的其他金融机构的过错责任范围时，可以参照其收取的“通道费”“过桥费”等费用的比例以及案件的其他情况综合加以确定。

105.【票据清单交易、封包交易案件中的民刑交叉问题】人民法院在案件审理过程中，如果发现公安机关已经就实际用资人、直贴行、出资银行的工作人员涉嫌骗取票据承兑罪、伪造印章罪等立案侦查，一方当事人根据《最高人民法院关于在审理经济纠纷案件中涉及经济犯罪嫌疑若干问题的规定》第 11 条的规定申请将案件移送公安机关的，因该节事实对于查明出资银行是否为正当持票人，以及参与交易的其他金融机构的抗辩理由能否成立存在重要关联，人民法院应当将有关材料移送公安机关。民商事案件的审理必须以相关刑事案件的审理结果为依据的，应当中止诉讼，待刑事案件审结后，再恢复案件的审理。案件的基本事实无须以相关刑事案件的审理结果为依据的，人民法院应当继续案件的审理。

参与交易的其他商业银行以公安机关已经对其工作人员涉嫌受贿、伪造印章等犯罪立案侦查为由请求将案件移送公安机关的，因该节事实并不影响相关当事人民事责任的承担，人民法院应当根据《最高人民法院关于在审理经济纠纷案件中涉及经济犯罪嫌疑若干问题的规定》第 10 条的规定继续审理。

106. 【恶意申请公示催告的救济】公示催告程序本为对合法持票人进行失票救济所设，但实践中却沦为部分票据出卖方在未获得票款情形下，通过伪报票据丧失事实申请公示催告、阻止合法持票人行使票据权利的工具。对此，民事诉讼法司法解释已经作出了相应规定。适用时，应当区别付款人是否已经付款等情形，作出不同认定：

（1）在除权判决作出后，付款人尚未付款的情况下，最后合法持票人可以根据《民事诉讼法》第 223 条的规定，在法定期限内请求撤销除权判决，待票据恢复效力后再依法行使票据权利。最后合法持票人也可以基于基础法律关系向其直接前手退票并请求其直接前手另行给付基础法律关系项下的对价。

（2）除权判决作出后，付款人已经付款的，因恶意申请公示催告并持除权判决获得票款的行为损害了最后合法持票人的权利，最后合法持票人请求申请人承担侵权损害赔偿责任的，人民法院依法予以支持。

十、关于破产纠纷案件的审理

会议认为，审理好破产案件对于推动高质量发展、深化供给侧结构性改革、营造稳定公平透明可预期的营商环境，具有十分重要的意义。要继续深入推进破产审判工作的市场化、法治化、专业化、信息化，充分发挥破产审判公平清理债权债务、促进优胜劣汰、优化资源配置、维护市场经济秩序等重要功能。一是要继续加大对破产保护理念的宣传和落实，及时发挥破产重整制度的积极拯救功能，通过平衡债权人、债务人、出资人、员工等利害关系人的利益，实现社会整体价值最大化；注重发挥和解程序简便快速清理债权债务关系的功能，鼓励当事人通过和解程序或者达成自行和解的方式实现各方利益共赢；积极推进清算程序中的企业整体处置方式，有效维护企业营运价值和职工就业。二是要推进不符合国家产业政策、丧失经营价值的企业主体尽快从市场退出，通过依法简化破产清算程序流程加快对“僵尸企业”的清理。三是要注重提升破产制度实施的经济效益，降低破产程序运行的时间和成本，有效维护企业营运价值，最大程度发挥各类要素和资源潜力，减少企业破产给社会经济造成的损害。四是要积极稳妥进行实践探索，加强理论研究，分步骤、有重点地推进建立自然人破产制度，进一步推动健全市场主体退出制度。

107.【继续推动破产案件的及时受理】 充分发挥破产重

整案件信息网的线上预约登记功能，提高破产案件的受理效率。当事人提出破产申请的，人民法院不得以非法定理由拒绝接收破产申请材料。如果可能影响社会稳定的，要加强府院协调，制定相应预案，但不应当以“影响社会稳定”之名，行消极不作为之实。破产申请材料不完备的，立案部门应当告知当事人在指定期限内补充材料，待材料齐备后以“破申”作为案件类型代字编制案号登记立案，并及时将案件移送破产审判部门进行破产审查。

注重发挥破产和解制度简便快速清理债权债务关系的功能，债务人根据《企业破产法》第 95 条的规定，直接提出和解申请，或者在破产申请受理后宣告破产前申请和解的，人民法院应当依法受理并及时作出是否批准的裁定。

108.【破产申请的不予受理和撤回】人民法院裁定受理破产申请前，提出破产申请的债权人的债权因清偿或者其他原因消灭的，因申请人不再具备申请资格，人民法院应当裁定不予受理。但该裁定不影响其他符合条件的主体再次提出破产申请。破产申请受理后，管理人以上述清偿符合《企业破产法》第 31 条、第 32 条为由请求撤销的，人民法院查实后应当予以支持。

人民法院裁定受理破产申请系对债务人具有破产原因的初步认可，破产申请受理后，申请人请求撤回破产申请的，人民法院不予准许。除非存在《企业破产法》第 12 条第 2 款规定的情形，人民法院不得裁定驳回破产申请。

109.【受理后债务人财产保全措施的处理】要切实落实破产案件受理后相关保全措施应予解除、相关执行措施应当中止、债务人财产应当及时交付管理人等规定，充分运用信息化技术手段，通过信息共享与整合，维护债务人财产的完整性。相关人民法院拒不解除保全措施或者拒不中止执行的，破产受理人民法院可以请求该法院的上级人民法院依法予以纠正。对债务人财产采取保全措施或者执行措施的人民法院未依法及时解除保全措施、移交处置权，或者中止执行程序并移交有关财产的，上级人民法院应当依法予以纠正。相关人员违反上述规定造成严重后果的，破产受理人民法院可以向人民法院纪检监察部门移送其违法审判责任线索。

人民法院审理企业破产案件时，有关债务人财产被其他具有强制执行权力的国家行政机关，包括税务机关、公安机关、海关等采取保全措施或者执行程序的，人民法院应当积极与上述机关进行协调和沟通，取得有关机关的配合，参照上述具体操作规程，解除有关保全措施，中止有关执行程序，以便保障破产程序顺利进行。

110.【受理后有关债务人诉讼的处理】人民法院受理破产申请后，已经开始而尚未终结的有关债务人的民事诉讼，在管理人接管债务人财产和诉讼事务后继续进行。债权人已经对债务人提起的给付之诉，破产申请受理后，人民法院应当继续审理，但是在判定相关当事人实体权利义务时，应当注意与企业破产法及其司法解释的规定相协调。

上述裁判作出并生效前，债权人可以同时向管理人申报债权，但其作为债权尚未确定的债权人，原则上不得行使表决权，除非人民法院临时确定其债权额。上述裁判生效后，债权人应当根据裁判认定的债权数额在破产程序中依法统一受偿，其对债务人享有的债权利息应当按照《企业破产法》第 46 条第 2 款的规定停止计算。

人民法院受理破产申请后，债权人新提起的要求债务人清偿的民事诉讼，人民法院不予受理，同时告知债权人应当向管理人申报债权。债权人申报债权后，对管理人编制的债权表记载有异议的，可以根据《企业破产法》第58条的规定提起债权确认之诉。

111.【债务人自行管理的条件】重整期间，债务人同时符合下列条件的，经申请，人民法院可以批准债务人在管理人的监督下自行管理财产和营业事务：

（1）债务人的内部治理机制仍正常运转；

（2）债务人自行管理有利于债务人继续经营；

（3）债务人不存在隐匿、转移财产的行为；

（4）债务人不存在其他严重损害债权人利益的行为。

债务人提出重整申请时可以一并提出自行管理的申请。经人民法院批准由债务人自行管理财产和营业事务的，企业破产法规定的管理人职权中有关财产管理和营业经营的职权应当由债务人行使。

管理人应当对债务人的自行管理行为进行监督。管理人发现债务人存在严重损害债权人利益的行为或者有其他不适宜自行管理情形的，可以申请人民法院作出终止债务人自行管理的决定。人民法院决定终止的，应当通知管理人接管债务人财产和营业事务。债务人有上述行为而管理人未申请人民法院作出终止决定的，债权人等利害关系人可以向人民法院提出申请。

112.【重整中担保物权的恢复行使】重整程序中，要依法平衡保护担保物权人的合法权益和企业重整价值。重整申请受理后，管理人或者自行管理的债务人应当及时确定设定有担保物权的债务人财产是否为重整所必需。如果认为担保物不是重整所必需，管理人或者自行管理的债务人应当及时对担保物进行拍卖或者变卖，拍卖或者变卖担保物所得价款在支付拍卖、变卖费用后优先清偿担保物权人的债权。

在担保物权暂停行使期间，担保物权人根据《企业破产法》第75条的规定向人民法院请求恢复行使担保物权的，人民法院应当自收到恢复行使担保物权申请之日起三十日内作出裁定。经审查，担保物权人的申请不符合第75条的规定，或者虽然符合该条规定但管理人或者自行管理的债务人有证据证明担保物是重整所必需，并且提供与减少价值相应担保或者补偿的，人民法院应当裁定不予批准恢复行使担保物权。担保物权人不服该裁定的，可以自收到裁定书之日起十日内，向作出裁定的人民法院申请复议。人民法院裁定批准行使担保物权的，管理人或者自行管理的债务人应当自收到裁定书之日起十五日内启动对担保物的拍卖或者变卖，拍卖或者变卖担保物所得价款在支付拍卖、变卖费用后优先清偿担保物权人的债权。

113.【重整计划监督期间的管理人报酬及诉讼管辖】要依法确保重整计划的执行和有效监督。重整计划的执行期间和监督期间原则上应当一致。二者不一致的，人民法院在确定和调整重整程序中的管理人报酬方案时，应当根据重整期间和重整计划监督期间管理人工作量的不同予以区别对待。其中，重整期间的管理人报酬应当根据管理人对重整发挥的实际作用等因素予以确定和支付；重整计划监督期间管理人报酬的支付比例和支付时间，应当根据管理人监督职责的履行情况，与债权人按照重整计划实际受偿比例和受偿时间相匹配。

重整计划执行期间，因重整程序终止后新发生的事实或者事件引发的有关债务人的民事诉讼，不适用《企业破产法》第 21 条有关集中管辖的规定。除重整计划有明确约定外，上述纠纷引发的诉讼，不再由管理人代表债务人进行。

114.【重整程序与破产清算程序的衔接】重整期间或者重整计划执行期间，债务人因法定事由被宣告破产的，人民法院不再另立新的案号，原重整程序的管理人原则上应当继续履行破产清算程序中的职责。原重整程序的管理人不能继续履行职责或者不适宜继续担任管理人的，人民法院应当依法重新指定管理人。

重整程序转破产清算案件中的管理人报酬，应当综合管理人为重整工作和清算工作分别发挥的实际作用等因素合理确定。重整期间因法定事由转入破产清算程序的，应当按照破产清算案件确定管理人报酬。重整计划执行期间因法定事由转入破产清算程序的，后续破产清算阶段的管理人报酬应当根据管理人实际工作量予以确定，不能简单根据债务人最终清偿的财产价值总额计算。

重整程序因人民法院裁定批准重整计划草案而终止的，重整案件可作结案处理。重整计划执行完毕后，人民法院可以根据管理人等利害关系人申请，作出重整程序终结的裁定。

115.【庭外重组协议效力在重整程序中的延伸】继续完善庭外重组与庭内重整的衔接机制，降低制度性成本，提高破产制度效率。人民法院受理重整申请前，债务人和部分债权人已经达成的有关协议与重整程序中制作的重整计划草案内容一致的，有关债权人对该协议的同意视为对该重整计划草案表决的同意。但重整计划草案对协议内容进行了修改并对有关债权人有不利影响，或者与有关债权人重大利益相关的，受到影响的债权人有权按照企业破产法的规定对重整计划草案重新进行表决。

116.【审计、评估等中介机构的确定及责任】要合理区分人民法院和管理人在委托审计、评估等财产管理工作中的职责。破产程序中确实需要聘请中介机构对债务人财产进行审计、评估的，根据《企业破产法》第28条的规定，经人民法院许可后，管理人可以自行公开聘请，但是应当对其聘请的中介机构的相关行为进行监督。上述中介机构因不当履行职责给债务人、债权人或者第三人造成损害的，应当承担赔偿责任。管理人在聘用过程中存在过错的，应当在其过错范围内承担相应的补充赔偿责任。

117.【公司解散清算与破产清算的衔接】要依法区分公司解散清算与破产清算的不同功能和不同适用条件。债务人同时符合破产清算条件和强制清算条件的，应当及时适用破产清算程序实现对债权人利益的公平保护。债权人对符合破产清算条件的债务人提起公司强制清算申请，经人民法院释明，债权人仍然坚持申请对债务人强制清算的，人民法院应当裁定不予受理。

118.【无法清算案件的审理与责任承担】人民法院在审理债务人相关人员下落不明或者财产状况不清的破产案件时，应当充分贯彻债权人利益保护原则，避免债务人通过破产程序不当损害债权人利益，同时也要避免不当突破股东有限责任原则。

人民法院在适用《最高人民法院关于债权人对人员下落

不明或者财产状况不清的债务人申请破产清算案件如何处理的批复》第3款的规定，判定债务人相关人员承担责任时，应当依照企业破产法的相关规定来确定相关主体的义务内容和责任范围，不得根据公司法司法解释（二）第18条第2款的规定来判定相关主体的责任。

上述批复第3款规定的“债务人的有关人员不履行法定义务，人民法院可依据有关法律规定追究其相应法律责任”，系指债务人的法定代表人、财务管理人员和其他经营管理人员不履行《企业破产法》第15条规定的配合清算义务，人民法院可以根据《企业破产法》第126条、第127条追究其相应法律责任，或者参照《民事诉讼法》第111条的规定，依法拘留，构成犯罪的，依法追究刑事责任；债务人的法定代表人或者实际控制人不配合清算的，人民法院可以依据《出境入境管理法》第12条的规定，对其作出不准出境的决定，以确保破产程序顺利进行。

上述批复第3款规定的“其行为导致无法清算或者造成损失”，系指债务人的有关人员不配合清算的行为导致债务人财产状况不明，或者依法负有清算责任的人未依照《企业破产法》第7条第3款的规定及时履行破产申请义务，导致债务人主要财产、账册、重要文件等灭失，致使管理人无法执行清算职务，给债权人利益造成损害。“有关权利人起诉请求其承担相应民事责任”，系指管理人请求上述主体承担相应损害赔偿责任并将因此获得的赔偿归入债务人财产。管理人未主张上述赔偿，个别债权人可以代表全体债权人提起上述诉讼。

上述破产清算案件被裁定终结后，相关主体以债务人主要财产、账册、重要文件等重新出现为由，申请对破产清算程序启动审判监督的，人民法院不予受理，但符合《企业破产法》第 123 条规定的，债权人可以请求人民法院追加分配。

十一、关于案外人救济案件的审理

案外人救济案件包括案外人申请再审、案外人执行异议之诉和第三人撤销之诉三种类型。修改后的民事诉讼法在保留案外人执行异议之诉及案外人申请再审的基础上，新设立第三人撤销之诉制度，在为案外人权利保障提供更多救济渠道的同时，因彼此之间错综复杂的关系也容易导致认识上的偏差，有必要厘清其相互之间的关系，以便正确适用不同程序，依法充分保护各方主体合法权益。

119.【案外人执行异议之诉的审理】案外人执行异议之诉以排除对特定标的物的执行为目的，从程序上而言，案外人依据《民事诉讼法》第 227 条提出执行异议被驳回的，即可向执行人民法院提起执行异议之诉。人民法院对执行异议之诉的审理，一般应当就案外人对执行标的物是否享有权利、享有什么样的权利、权利是否足以排除强制执行进行判断。至于是否作出具体的确权判项，视案外人的诉讼请求而定。案外人未提出确权或者给付诉讼请求的，不作出确权判项，仅在裁判理由中进行分析判断并作出是否排除执行的判项即可。但案外人既提出确权、给付请求，又提出排除执行请求的，人民法院对该请求是否支持、是否排除执行，均应当在具体判项中予以明确。执行异议之诉不以否定作为执行依据的生效裁判为目的，案外人如认为裁判确有错误的，只能通过申请再审或者提起第三人撤销之诉的方式进行救济。

120.【债权人能否提起第三人撤销之诉】第三人撤销之

诉中的第三人仅局限于《民事诉讼法》第56条规定的有独立请求权及无独立请求权的第三人，而且一般不包括债权人。但是，设立第三人撤销之诉的目的在于，救济第三人享有的因不能归责于本人的事由未参加诉讼但因生效裁判文书内容错误受到损害的民事权益，因此，债权人在下列情况下可以提起第三人撤销之诉：

（1）该债权是法律明确给予特殊保护的债权，如《合同法》第286条规定的建设工程价款优先受偿权，《海商法》第22条规定的船舶优先权；

（2）因债务人与他人的权利义务被生效裁判文书确定，导致债权人本来可以对《合同法》第74条和《企业破产法》第31条规定的债务人的行为享有撤销权而不能行使的；

（3）债权人有证据证明，裁判文书主文确定的债权内容部分或者全部虚假的。

债权人提起第三人撤销之诉还要符合法律和司法解释规定的其他条件。对于除此之外的其他债权，债权人原则上不得提起第三人撤销之诉。

121.【必要共同诉讼漏列的当事人申请再审】民事诉讼法司法解释对必要共同诉讼漏列的当事人申请再审规定了两种不同的程序，二者在管辖法院及申请再审期限的起算点上存在明显差别，人民法院在审理相关案件时应予注意：

（1）该当事人在执行程序中以案外人身份提出异议，异议被驳回的，根据民事诉讼法司法解释第423条的规定，其可以在驳回异议裁定送达之日起6个月内向原审人民法院申请再审；

（2）该当事人未在执行程序中以案外人身份提出异议的，

根据民事诉讼法司法解释第422条的规定，其可以根据《民事诉讼法》第200条第8项的规定，自知道或者应当知道生效裁判之日起6个月内向上一级人民法院申请再审。当事人一方人数众多或者当事人双方为公民的案件，也可以向原审人民法院申请再审。

122.【程序启动后案外人不享有程序选择权】案外人申请再审与第三人撤销之诉功能上近似，如果案外人既有申请再审的权利，又符合第三人撤销之诉的条件，对于案外人是否可以行使选择权，民事诉讼法司法解释采取了限制的司法态度，即依据民事诉讼法司法解释第303条的规定，按照启动程序的先后，案外人只能选择相应的救济程序：案外人先启动执行异议程序的，对执行异议裁定不服，认为原裁判内容错误损害其合法权益的，只能向作出原裁判的人民法院申请再审，而不能提起第三人撤销之诉；案外人先启动了第三人撤销之诉，即便在执行程序中又提出执行异议，也只能继续进行第三人撤销之诉，而不能依《民事诉讼法》第227条申请再审。

123.【案外人依据另案生效裁判对非金钱债权的执行提起执行异议之诉】审判实践中，案外人有时依据另案生效裁判所认定的与执行标的物有关的权利提起执行异议之诉，请求排除对标的物的执行。此时，鉴于作为执行依据的生效裁判与作为案外人提出执行异议依据的生效裁判，均涉及对同一标的物权属或给付的认定，性质上属于两个生效裁判所认定的权利之间可能产生的冲突，人民法院在审理执行异议之诉时，需区别不同情况作出判断：如果作为执行依据的生效裁判是确权裁判，不论作为执行异议依据的裁判是确权裁判还是给付裁判，一般不应据此排除执行，但人民法院应当告知案外人对作为执行依据的确权裁判申请再审；如果作为执行依据的生效裁判是给付标的物的裁判，而作为提出异议之诉依据的裁判是确权裁判，一般应据此排除执行，此时人民法院应告知其对该确权裁判申请再审；如果两个裁判均属给付标的物的裁判，人民法院需依法判断哪个裁判所认定的给付权利具有优先性，进而判断是否可以排除执行。

124.【案外人依据另案生效裁判对金钱债权的执行提起执行异议之诉】作为执行依据的生效裁判并未涉及执行标的物，只是执行中为实现金钱债权对特定标的物采取了执行措施。对此种情形，《最高人民法院关于人民法院办理执行异议和复议案件若干问题的规定》第26条规定了解决案外人执行异议的规则，在审理执行异议之诉时可以参考适用。依据该条规定，作为案外人提起执行异议之诉依据的裁判将执行标的物确权给案外人，可以排除执行；作为案外人提起执行异议之诉依据的裁判，未将执行标的物确权给案外人，而是基于不以转移所有权为目的的有效合同（如租赁、借用、保管合同），判令向案外人返还执行标的物的，其性质属于物权请求权，亦可以排除执行；基于以转移所有权为目的的有效合同（如买卖合同），判令向案外人交付标的物的，其性质属于债权请求权，不能排除执行。

应予注意的是，在金钱债权执行中，如果案外人提出执行异议之诉依据的生效裁判认定以转移所有权为目的的合同（如买卖合同）无效或应当解除，进而判令向案外人返还执行标的物的，此时案外人享有的是物权性质的返还请求权，本可排除金钱债权的执行，但在双务合同无效的情况下，双方互负返还义务，在案外人未返还价款的情况下，如果允许其排除金钱债权的执行，将会使申请执行人既执行不到被执行人名下的财产，又执行不到本应返还给被执行人的价款，显然有失公允。为平衡各方当事人的利益，只有在案外人已经返还价款的情况下，才能排除普通债权人的执行。反之，案外人未返还价款的，不能排除执行。

125.【案外人系商品房消费者】实践中，商品房消费者向房地产开发企业购买商品房，往往没有及时办理房地产过户手续。房地产开发企业因欠债而被强制执行，人民法院在对尚登记在房地产开发企业名下但已出卖给消费者的商品房采取执行措施时，商品房消费者往往会提出执行异议，以排除强制执行。对此，《最高人民法院关于人民法院办理执行异议和复议案件若干问题的规定》第 29 条规定，符合下列情形的，应当支持商品房消费者的诉讼请求：一是在人民法院查封之前已签订合法有效的书面买卖合同；二是所购商品房系用于居住且买受人名下无其他用于居住的房屋；三是已支付的价款超过合同约定总价款的百分之五十。人民法院在审理执行异议之诉案件时，可参照适用此条款。

问题是，对于其中“所购商品房系用于居住且买受人名下无其他用于居住的房屋”如何理解，审判实践中掌握的标准不一。“买受人名下无其他用于居住的房屋”，可以理解为在案涉房屋同一设区的市或者县级市范围内商品房消费者名下没有用于居住的房屋。商品房消费者名下虽然已有 1 套房屋，但购买的房屋在面积上仍然属于满足基本居住需要的，可以理解为符合该规定的精神。

对于其中“已支付的价款超过合同约定总价款的百分之

五十”如何理解，审判实践中掌握的标准也不一致。如果商品房消费者支付的价款接近于百分之五十，且已按照合同约定将剩余价款支付给申请执行人或者按照人民法院的要求交付执行的，可以理解为符合该规定的精神。

126.【商品房消费者的权利与抵押权的关系】根据《最高人民法院关于建设工程价款优先受偿权问题的批复》第1条、第2条的规定，交付全部或者大部分款项的商品房消费者的权利优先于抵押权人的抵押权，故抵押权人申请执行登记在房地产开发企业名下但已销售给消费者的商品房，消费者提出执行异议的，人民法院依法予以支持。但应当特别注意的是，此情况是针对实践中存在的商品房预售不规范现象为保护消费者生存权而作出的例外规定，必须严格把握条件，避免扩大范围，以免动摇抵押权具有优先性的基本原则。因此，这里的商品房消费者应当仅限于符合本纪要第125条规定的商品房消费者。买受人不是本纪要第125条规定的商品房消费者，而是一般的房屋买卖合同的买受人，不适用上述处理规则。

127.【案外人系商品房消费者之外的一般买受人】金钱债权执行中，商品房消费者之外的一般买受人对登记在被执行人名下的不动产提出异议，请求排除执行的，《最高人民法院关于人民法院办理执行异议和复议案件若干问题的规定》第28条规定，符合下列情形的依法予以支持：一是在人民法院查封之前已签订合法有效的书面买卖合同；二是在人民法院查封之前已合法占有该不动产；三是已支付全部价款，或者已按照合同约定支付部分价款且将剩余价款按照人民法院的要求交付执行；四是非因买受人自身原因未办理过户登记。

人民法院在审理执行异议之诉案件时，可参照适用此条款。

实践中，对于该规定的前 3 个条件，理解并无分歧。对于其中的第 4 个条件，理解不一致。一般而言，买受人只要有向房屋登记机构递交过户登记材料，或向出卖人提出了办理过户登记的请求等积极行为的，可以认为符合该条件。买受人无上述积极行为，其未办理过户登记有合理的客观理由的，亦可认定符合该条件。

十二、关于民刑交叉案件的程序处理

会议认为，近年来，在民间借贷、P2P 等融资活动中，与涉嫌诈骗、合同诈骗、票据诈骗、集资诈骗、非法吸收公众存款等犯罪有关的民商事案件的数量有所增加，出现了一些新情况和新问题。在审理案件时，应当依照《最高人民法院关于在审理经济纠纷案件中涉及经济犯罪嫌疑若干问题的规定》《最高人民法院关于审理非法集资刑事案件具体应用法律若干问题的解释》《最高人民法院最高人民检察院公安部关于办理非法集资刑事案件适用法律若干问题的意见》以及民间借贷司法解释等规定，处理好民刑交叉案件之间的程序关系。

128.【分别审理】同一当事人因不同事实分别发生民商事纠纷和涉嫌刑事犯罪，民商事案件与刑事案件应当分别审理，主要有下列情形：

（1）主合同的债务人涉嫌刑事犯罪或者刑事裁判认定其构成犯罪，债权人请求担保人承担民事责任的；

（2）行为人以法人、非法人组织或者他人名义订立合同的行为涉嫌刑事犯罪或者刑事裁判认定其构成犯罪，合同相对人请求该法人、非法人组织或者他人承担民事责任的；

（3）法人或者非法人组织的法定代表人、负责人或者其他工作人员的职务行为涉嫌刑事犯罪或者刑事裁判认定其构成犯罪，受害人请求该法人或者非法人组织承担民事责任的；

（4）侵权行为人涉嫌刑事犯罪或者刑事裁判认定其构成犯罪，被保险人、受益人或者其他赔偿权利人请求保险人支付保险金的；

（5）受害人请求涉嫌刑事犯罪的行为人之外的其他主体承担民事责任的。

审判实践中出现的问题是，在上述情形下，有的人民法院仍然以民商事案件涉嫌刑事犯罪为由不予受理，已经受理的，裁定驳回起诉。对此，应予纠正。

129.【涉众型经济犯罪与民商事案件的程序处理】2014年颁布实施的《最高人民法院最高人民检察院公安部关于办理非法集资刑事案件适用法律若干问题的意见》和2019年1月颁布实施的《最高人民法院最高人民检察院公安部关于办理非法集资刑事案件若干问题的意见》规定的涉嫌集资诈骗、非法吸收公众存款等涉众型经济犯罪，所涉人数众多、当事人分布地域广、标的额特别巨大、影响范围广，严重影响社会稳定，对于受害人就同一事实提起的以犯罪嫌疑人或者刑事被告人为被告的民事诉讼，人民法院应当裁定不予受理，并将有关材料移送侦查机关、检察机关或者正在审理该刑事案件的人民法院。受害人的民事权利保护应当通过刑事追赃、退赔的方式解决。正在审理民商事案件的人民法院发现有上述涉众型经济犯罪线索的，应当及时将犯罪线索和有关材料移送侦查机关。侦查机关作出立案决定前，人民法院应当中止审理；作出立案决定后，应当裁定驳回起诉；侦查机关未及时立案的，人民法院必要时可以将案件报请党委政法委协调处理。除上述情形人民法院不予受理外，要防止通过刑事手段干预民商事审判，搞地方保护，影响营商环境。

当事人因租赁、买卖、金融借款等与上述涉众型经济犯罪无关的民事纠纷，请求上述主体承担民事责任的，人民法院应予受理。

130.【民刑交叉案件中民商事案件中止审理的条件】人民法院在审理民商事案件时，如果民商事案件必须以相关刑事案件的审理结果为依据，而刑事案件尚未审结的，应当根据《民事诉讼法》第 150 条第 5 项的规定裁定中止诉讼。待刑事案件审结后，再恢复民商事案件的审理。如果民商事案件不是必须以相关的刑事案件的审理结果为依据，则民商事案件应当继续审理。

最高人民法院民二庭负责人就《全国法院民商事审判工作会议纪要》答记者问

最高人民法院于2019年7月3日至4日在黑龙江省哈尔滨市召开了全国法院民商事审判工作会议。最高人民法院党组书记、院长周强出席会议并讲话，刘贵祥专委作了工作报告。会上讨论了《全国法院民商事审判工作会议纪要（稿）》。会后向全社会公开征求意见，社会反响热烈，希望尽快出台。11月14日，纪要正式发布，记者为此采访了最高人民法院民二庭负责人。

问：能否请您简要说明一下纪要的起草过程以及主要特点？

答：从今年2月份开始起草到11月份出台，历时8个多月，期间我们多次专门调研、征求专家学者意见、书面征求有关部门和单位意见，还向全社会公开征求意见。纪要的公布对统一裁判思路，规范法官自由裁量权，增强民商事审判的公开性、透明度以及可预期性，提高司法公信力具有重要意义。纪要主要有以下几个特点：一是问题意识强。纪要本着高度的责任感和担当意识，直面民商事审判中的前沿疑难争议问题，明确最高法院的态度，避免因规则的不明确而影响司法公信力。二是指导理论新。纪要密切关注正在制定修改过程中的民法典、公司法、证券法、破产法等法律的最新动态，密切跟踪金融领域最新监管政策、民商法学最前沿理论研究成果。三是涉及面广。纪要共计12部分130条，涉及公司、合同、担保、金融（包括金融消费者保护、证券、信托、保险、票据）、破产等民商事审判的绝大部分领域。纪要同时对案外人执行异议之诉、第三人撤销之诉、民刑交叉等突出程序问题进行了规范。

问：请您谈谈民商事审判要坚持哪些基本原则和理念？

答：民商事审判工作，事关国家安全、社会稳定以及经济社会发展大局，事关营造法治化营商环境以及防范化解重大风险，事关人民群众对社会公平正义的向往和期待，必须以习近平新时代中国特色社会主义思想武装头脑、指导实践、推动工作。一要坚持党的绝对领导。这是中国特色社会主义司法制度的本质特征和根本要求，是人民法院永远不变的根和魂。在民商事审判工作中，要切实增强“四个意识”，坚定“四个自信”，做到“两个维护”，坚定不移走中国特色社会主义法治道路。二要坚持服务党和国家大局。认清形势，高度关注中国特色社会主义进入新时代背景下经济社会的重大变化、社会主要矛盾的历史性变化、各类风险隐患的多元多变，提高服务大局的自觉性、针对性，主动作为，勇于担当，处理好依法办案和服务大局的辩证关系，着眼于贯彻落实党中央的重大决策部署、维护人民群众的根本利益、维护法治的统一。三要坚持司法为民。牢固树立以人民为中心的发展思想，始终坚守人民立场，胸怀人民群众，满足人民需求，带着对人民群众的深厚感情和强烈责任感去做好民商事审判工作。在民商事审判工作中要弘扬社会主义核心价值观，注意情理法的交融平衡，做到以法为据、以理服人、以情感人，既要义正辞严讲清法理，又要循循善诱讲明事理，还要感同身受讲透情理，争取广大人民群众和社会的理解与支持。要建立健全方便人民群众诉讼的民商事审判工作机制。四要坚持公正司法。公平正义是中国特色社会主义制度的内在要求，也是我党治国理政的一贯主张。司法是维护社会公平正义的最后一道防线，必须把公平正义作为生命线，必须把公平正义作为镌刻在心中的价值坐标，必须把"努力让人民群众在每一个司法案件中感受到公平正义"作为矢志不渝的奋斗目标。

会议指出，民商事审判工作要树立正确的审判理念。注意辩证理解并准确把握契约自由、平等保护、诚实信用、公序良俗等民商事审判基本原则；注意树立请求权基础思维、逻辑和价值相一致思维、同案同判思维，通过检索类案、参考指导案例等方式统一裁判尺度，有效防止滥用自由裁量权；注意处理好民商事审判与行政监管的关系，通过穿透式审判思维，查明当事人的真实意思，探求真实法律关系；特别注意外观主义系民商法上的学理概括，并非现行法律规定的原则，现行法律只是规定了体现外观主义的具体规则，审判实务中应当依据有关具体法律规则进行判断，类推适用亦应当以法律规则设定的情形、条件为基础。从现行法律规则看，外观主义是为保护交易安全设置的例外规定，一般适用于因合理信赖权利外观或意思表示外观的交易行为。实际权利人与名义权利人的关系，应注重财产的实质归属，而不单纯地取决于公示外观。总之，审判实务中要准确把握外观主义的适用边界，避免泛化和滥用。

问：据了解，纪要部分内容提交了最高人民法院民事行政审判专业委员会讨论，您能不能介绍一下这方面的情况？

答：纪要涉及面广、问题多，对争议比较大、实践中迫切需要统一裁判尺度的12个问题审委会进行了讨论，它们分别是：一是与目标公司签订的“对赌协议”的效力及能否履行；二是股东出资能否加速到期；三是如何理解公司法司法解释（二）第18条第2款规定的清算义务人的责任；四是法定代表人未经授权对外提供担保，公司应否承担责任；五是违约方能否起诉解除合同；六是混合担保中承担了担保责任的担保人能否向其他担保人追偿；七是因登记簿设置原因，导致登记簿记载与合同约定的担保范围不一致的情况下，究竟应以合同约定还是以登记簿记载为准来确定担保物权的担保范围；八是在房地分别抵押情况下，如何确定抵押范围以及清偿顺序；九是让与担保的效力如何；十是场外配资合同无效，应否以及如何返还利息；十一是如何理解信托财产的独立性；十二是实际权利人能否对抗一般债权人的执行。

问：请您谈谈纪要中公司纠纷案件部分对哪些问题统一了裁判思路？

答：纪要对“对赌协议”、股东出资加速到期、表决权限制、有限责任公司清算义务人的责任、公司人格否认、公司对外担保等争议问题统一了裁判思路。关于“对赌协议”的效力及履行。纪要规定，投资方与目标公司签订的“对赌协议”在不存在法定无效事由的情况下，一方当事人仅以协议存在股权回购或者金钱补偿约定为由，主张协议无效的，人民法院不予支持。但当事人主张实际履行的，人民法院应当审查是否符合公司法关于“股东不得抽逃出资”或股份回购的强制性规定，判决是否支持其请求。关于股东出资应否加速到期。纪要规定了两种例外情形：一是公司作为被执行人的案件，因穷尽执行措施无财产可供执行，已具备破产原因，但不申请破产的；二是在公司债务产生后，公司股东（大）会决议延长股东出资期限的。关于公司人格否认。纪要明确，公司人格独立和股东有限责任是公司法的基本原则。否认公司独立人格，由滥用公司法人独立地位和股东有限责任的股东对公司债务承担连带责任，只是股东有限责任的例外情形，旨在运用平衡的方法矫正有限责任制度在特定法律事实发生时对债权人保护的失衡现象。要准确把握《公司法》第 20 条第 3 款的规定精神。要根据查明的案件事实，进行综合判断，既审慎适用，又当用则用。实践中存在标准把握不严而滥用这一例外制度的现象，同时也存在因法律规定较为原则、抽象，适用难度大，而不善于适用、不敢于适用现象，均应当引起高度重视。纪要对否定公司人格的 3 种典型情形（人格混同、过度支配与控制、资本显著不足）如何把握进行了细化。关于有限责任公司清算义务人的责任。纪要明确，公司法司法解释（二）第 18 条第 2 款规定的“怠于履行义务”，是指有限责任公司的股东在法定清算事由出现后，在能够履行清算义务的情况下，故意拖延、拒绝履行清算义务，或者因过失导致无法进行清算的消极行为。股东举证证明其已经为履行清算义务采取了积极措施，或者小股东举证证明其既不是公司董事会或者监事会成员，也没有选派人员担任该机关成员，且从未参与公司经营管理，则不是“怠于履行义务”。有限责任公司的股东能够证明其“怠于履行义务”与公司主要财产、账册、重要文件等灭失之间没有因果关系，其不应承担连带清偿责任。关于公司对外担保。纪要明确，根据《公司法》第16条的规定，担保行为不是法定代表人所能单独决定的事项，必须以公司股东（大）会、董事会等公司机关的决议作为授权的基础和来源。法定代表人未经授权擅自对外提供担保的，构成越权代表，人民法院应当根据《合同法》第50条关于法定代表人越权代表的规定，区分订立合同时债权人是否善意分别认定合同效力：债权人善意的，合同有效；反之，合同无效。债权人的善意，是指债权人对公司机关决议内容进行了审查，但这种审查一般限于形式审查，只要求尽到必要的注意义务即可，标准不宜太过严苛。纪要规定，担保合同有效，债权人请求公司承担担保责任的，人民法院依法予以支持；担保合同无效，债权人请求公司承担担保责任的，人民法院不予支持，但可以按照担保法及有关司法解释关于担保无效的规定处理。公司举证证明债权人明知法定代表人超越权限或者机关决议系伪造或者变造，债权人请求公司承担合同无效后的民事责任的，人民法院不予支持。纪要还对表决权能否受限、有限公司的股权变动、侵犯优先购买权的股权转让合同的效力、上市公司为他人提供担保的合同效力、债务加入准用担保规则、实际出资人显名的条件以及股东代表诉讼等问题进行了规定。

问：请您谈谈纪要中合同纠纷案件部分对哪些问题统一了裁判思路？

答：纪要对合同效力、合同履行与救济以及借款合同中的一些争议问题统一了裁判思路。关于合同无效及其法律后果。纪要从鼓励交易原则出发，明确了强制性规定的识别标准、违反公序良俗无效的适用情形，尽量避免泛化认定合同无效；明确了合同不成立、无效或者被撤销时的返还责任、折价补偿以及损害赔偿之间的关系，重申要根据诚实信用原则确定合同无效后的法律后果，不能使不诚信的当事人从合同无效中获利；规定了合同无效和解除时人民法院的释明义务，避免案结事不了现象的发生。关于批准生效合同未经批准的效力。纪要明确，法律、行政法规规定合同需要批准生效的，批准是法定的生效条件，未经批准的合同属于未生效合同，当事人既不能请求履行，也不能请求确认合同无效。纪要强调，尽管整个合同未生效，但报批义务及相关条款独立生效，一方可以请求另一方履行报批义务。报批义务人拒不履行报批义务的，另一方也可以直接请求解除合同，并请求其承担专门针对报批义务约定的违约责任。人民法院判令一方履行报批义务后，一方拒不履行判决的，应当承担相当于违约责任的责任。关于盖章行为的法律效力。盖章行为表明代表人或者代理人从事的是职务行为，因此，要根据签约人于盖章之时有无代表权或者代理权，并根据代表或者代理的相关规则来确定合同的效力。纪要强调，不能将重点放在公章的真伪上去，要纠正过分依赖鉴定来解决相关问题的裁判思路。关于以物抵债的性质和效力。纪要区别履行期限届满后签订的以物抵债和履行期限届满前签订的以物抵债两种情形，而异其处理方式。前一种以物抵债协议，当事人可以直接请求履行；后一种以物抵债协议，当事人不能直接请求履行，只能根据原债权债务关系确定双方的权利义务关系。关于合同解除。纪要明确了通知解除的条件，强调要根据诚实信用原则认定约定解除的条件。纪要规定，违约方在合同僵局的前提下，符合下列条件的，违约方起诉请求解除合同的，人民法院应予支持：违约方不存在恶意违约的情形；违约方继续履行合同，对其显失公平；守约方拒绝解除合同，违反诚实信用原则。关于金钱之债的裁判思路。纪要明确，要坚持金融服务实体经济原则，区别对待金融借贷与民间借贷，适用不同的利率标准。关于民间借贷，着重从规范高利转贷以及职业放贷人两个方面着手，从宽认定高利转贷行为的牟利标准以及借款人知情标准，明确职业放贷行为无效；关于金融借贷，纪要着重对变相利息进行规制；纪要强调，作为对价的价款或报酬给付之债，并非借款合同项下的还款义务，不能以民间借贷利率上限作为判断违约金是否过高的标准，避免简单地以民间借贷利率的司法保护上限作为调整依据。此外，纪要还对撤销权的行使方式、抵销的效力等问题进行了规定，明确撤销权也可以抗辩的方式行使；抵销的效力溯及至抵销条件成就之时，而非抵销通知达到之时。

问：请您谈谈纪要中担保纠纷案件部分对哪些问题统一了裁判思路？

答：纪要对担保的一般规则、不动产担保物权、动产担保物权、非典型担保的一些争议问题统一了裁判思路。关于独立担保。纪要明确，从属性是担保的基本属性，要将独立担保限于独立保函司法解释规定的银行和非银行机构出具的独立保函的范围，不能任意扩大独立保函的适用范围。其他当事人开立的独立保函以及当事人有关排除担保从属性的约定，应当认定无效。但根据“无效法律行为的转换”原理，在否定其独立担保效力的同时，应当将其认定为从属性担保，并根据主合同的效力状况区别对待担保合同的效力。关于担保责任的范围。纪要明确，担保人承担的担保责任不能大于主债务的范围，是担保从属性的必然要求。当事人通过针对担保责任约定专门的违约责任等方式，使担保人承担的责任范围大于、程度强于债务人所应承担的责任的，大于或者强于的部分无效，避免过度担保等对担保人不利现象的发生。关于混合担保中担保人之间的求偿问题。司法实践存在不同做法，理论界也有不同观点。为此，纪要明确，在混合担保中，根据《物权法》第 176 条的规定，承担了担保责任的担保人不能向其他担保人追偿。关于担保债权的范围。根据当前我国登记系统设置的实际情况，区别情形作出差别对待：对于不动产登记簿仅有“被担保主债权数额（最高债权数额）”表述，未设置“担保范围”栏目，导致合同约定的担保范围与登记簿记载不一致的，要根据合同约定来确定担保范围；对于系统设置比较规范，担保范围与登记簿记载一致的，则以登记簿记载为准。关于未办理登记的不动产抵押合同的效力。纪要明确，未办理抵押登记的，债权人既可以请求抵押人继续办理抵押登记，也可以请求抵押人以抵押物的价值为限承担责任，但其范围不得超过抵押权有效设立时抵押人所应承担的责任。关于房地分别抵押。纪要明确，设定抵押时土地上有建筑物的，根据《物权法》第 182 条之规定，在当事人仅以房或者地抵押，或者房地产分别抵押给不同债权人场合，均应当认为房地一并抵押。房地分别抵押给不同债权人的，应当依照《物权法》第 199 条的规定确定清偿顺序：登记在先的先清偿；同时登记的，按照债权比例清偿。关于流动质押。纪要肯定了流动质押的效力，明确既要根据合同约定确定监管人系受谁的委托来监管质物，也要根据监管人是否已经实际履行监管职责、质物实际受谁管领控制等因素综合判断质物是否已经交付，进而确定质权是否已经设立。关于浮动抵押的效力。浮动抵押有英式结晶说和美式登记说两种理论，纪要采登记说，明确登记在先的浮动抵押优先于登记在后的动产抵押受偿。关于非典型担保。纪要明确，应当认可非典型担保的合同效力，至于应否认可其物权效力，要看其是否完成了公示。以登记作为公示方法的，未在法定的登记机构登记的，不具有物权效力。关于让与担保。纪要明确，债务人或者第三人与债权人订立合同，约定将财产形式上转让至债权人名下，债务人到期清偿债务，债权人将该财产返还给债务人或第三人，债务人到期没有清偿债务，债权人可以对财产拍卖、变卖、折价偿还债权的，人民法院应当认定合同有效。合同如果约定债务人到期没有清偿债务，财产归债权人所有的，人民法院应当认定该部分约定无效，但不影响合同其他部分的效力。当事人根据上述合同约定，已经完成财产权利变动的公示方式转让至债权人名下，债务人到期没有清偿债务，债权人请求确认财产归其所有的，人民法院不予支持，但债权人请求参照法律关于担保物权的规定对财产拍卖、变卖、折价优先偿还其债权的，人民法院依法予以支持。债务人因到期没有清偿债务，请求对该财产拍卖、变卖、折价偿还所欠债权人合同项下债务的，人民法院亦应依法予以支持。此外，纪要还对借新还旧时旧贷上的担保物权是否随之消灭、抵押权随主债权转让时未办理变更登记是否影响受让人享有抵押权、动产抵押权与质权竞存时如何确定清偿顺序、保兑仓的性质和效力等问题作出了规定。

问：请您谈谈纪要中金融纠纷案件部分对哪些问题统一

了裁判思路?

答: 金融部分包括金融消费者权益保护、证券、营业信托、财产保险、票据纠纷案件审理5个方面的内容，纪要对其中的一些争议问题，统一了裁判思路。

关于金融消费者权益保护纠纷案件。纪要规定，在审理金融产品发行人、销售者以及金融服务提供者（以下简称卖方机构）与金融消费者之间因销售各类高风险等级金融产品和为金融消费者参与高风险等级投资活动提供服务而引发的民商事案件中，必须坚持“卖者尽责、买者自负”原则，将金融消费者是否充分了解相关金融产品、投资活动的性质及风险并在此基础上作出自主决定作为应当查明的案件基本事实，依法保护金融消费者的合法权益，规范卖方机构的经营行为。卖方机构不能证明其已经按照法律、行政法规和相关监管规定的要求履行了适当性义务的，应当对金融消费者因此所受的损失承担赔偿责任。纪要还对举证责任、告知说明义务的衡量标准、损失赔偿数额的确定、免责事由进行了规定。

关于证券纠纷案件。纪要规定，对于需要借助其他学科领域的专业知识进行职业判断的问题，要充分发挥专家证人的作用，使得案件的事实认定符合证券市场的基本做法和普遍认知或者认可的经验法则，责任承担与侵权行为及其主观过错程度相匹配，在切实维护投资者合法权益的同时，通过民事责任追究实现震慑违法的功能，维护资本市场公开、公平、公正的市场秩序。在案件审理方式方面，一些人民法院已经进行了将部分案件合并审理、在示范判决基础上委托调解等尝试，有条件的人民法院可以选择个案以《民事诉讼法》

第 54 条规定的代表人诉讼方式对案件进行审理，逐步展开试点工作，为构建符合中国国情的证券民事诉讼制度积累审判经验，培养审判队伍。纪要还对统一登记立案、案件甄别及程序审查、选定代表人、揭露日和更正日的认定、重大性要件的认定等进行了规定。对于场外配资合同纠纷，纪要明确，将证券市场的信用交易纳入国家统一监管的范围，是维护金融市场透明度和金融稳定的重要内容。不受监管的场外配资业务，不仅盲目扩张了资本市场信用交易的规模，也容易冲击资本市场的交易秩序。融资融券作为证券市场的主要交易方式和证券经营机构的核心业务，依法属国家特许经营的金融业务，未经依法核准，任何单位和个人不得非法从事配资业务。在认定配资合同无效的同时，纪要还对配资方和用资方的法律责任进行了规定。

关于营业信托纠纷案件。纪要明确，对信托公司开展和参与的多层嵌套、通道业务、回购承诺等融资活动，要以其实际构成的法律关系确定其效力，并在此基础上依法确定各方的权利义务。按照“新老划断”的监管政策要求，在过渡期之前，一方当事人以信托目的违法违规为由请求确认无效的，人民法院不予支持。在营业信托纠纷案件中，应当重点审查受托人在“受人之托，忠人之事”的财产管理过程中，是否恪尽职守，履行了谨慎、有效管理等法定或者约定义务，并将举证责任依法分配给受托人。除信托公司作为被告外，原告申请对信托公司固有资金账户的资金采取保全措施的，人民法院不应准许。信托公司作为案件被告，确有必要对其固有财产采取诉讼保全措施的，必须强化善意执行理念，防范发生金融风险。明确要求人民法院对信托公司的固有财产采取保全措施时，要尽量寻求依法平等保护各方利益的平衡点，优先采取方便执行且对信托公司正常经营影响最小的执行措施。纪要还对营业信托纠纷的认定、资产或者资产收益权转让及回购、劣后级受益人的责任承担、增信文件的性质、保底或者刚兑条款无效、信托财产的诉讼保全等进行了规定。

关于票据纠纷案件。纪要规定，贴现行的负责人或者有权从事该业务的工作人员与贴现申请人合谋，伪造贴现申请人与其前手之间具有真实的商品交易关系的合同、增值税发票等材料申请贴现，贴现行不享有票据权利。票据贴现属于国家特许经营业务，合法持票人向不具有法定贴现资质的当事人进行“贴现”的，该行为应当认定无效。人民法院在案件审理过程中，发现不具有法定资质的当事人以“贴现”为业的，因该行为涉嫌犯罪，应当将有关材料移送公安机关。纪要还对票据清单交易封包交易案件的处理原则、票据权利的认定以及民刑交叉的程序处理、恶意申请公示催告的权利救济等进行了规定。

关于保险纠纷案件。纪要规定，财产保险合同约定以投保人支付保险费作为合同生效条件，但对该生效条件是否为全额支付约定不明，投保人已经支付部分保险费的，应当认定保险合同已经生效。关于仲裁协议对行使保险代位求偿权的保险人的约束力问题，纪要明确，保险代位求偿权是一种法定债权转让，被保险人和第三者在保险事故发生前达成的仲裁协议，对保险人具有约束力。考虑到涉外民商事案件的处理常常涉及国际条约、国际惯例的适用，相关问题具有特殊性，故未将具有涉外因素的仲裁协议对保险人的约束力问题纳入纪要规范的范围。

问：请您谈谈纪要中破产纠纷案件部分对哪些问题统一了裁判思路？

答：为了进一步审理好破产案件，纪要再次明确和强调了破产审判工作总体思路和下一步工作重点，并对以下重要问题统一了裁判思路。关于受理后债务人财产保全和执行程序的处理。纪要首先强调了人民法院系统内部的责任追究机制，即相关人民法院未依法及时解除保全措施、移交处置权，或者中止执行程序并移交有关财产的，上级人民法院应当依法予以纠正；相关人员违反上述规定造成严重后果的，破产受理人民法院可以向人民法院纪检监察部门移送其违法审判责任线索。其次，对于国家行政机关采取的保全措施或者执行程序，纪要强调要积极与上述机关进行协调和沟通，取得有关机关的配合。关于重整中的债务人自行管理。纪要首次明确，重整期间，债务人同时符合下列条件的，经申请，人民法院可以批准债务人在管理人的监督下自行管理财产和营业事务：内部治理机制仍正常运转；债务人自行管理有利于债务人继续经营；债务人不存在隐匿、转移财产的行为；债务人不存在其他严重损害债权人利益的行为。同时，纪要明确规定，经人民法院批准由债务人自行管理财产和营业事务的，管理人职权中有关财产管理和营业经营的职权应当由债务人行使。关于重整中担保物权的恢复行使。针对《企业破产法》第 75 条关于重整期间对债务人的特定财产享有的担保权暂停行使等规定，纪要在明确暂停行使一般原则的基础上，强调要注重维护企业重整价值的同时，依法平衡保护担保权人的合法权益。管理人或者自行管理的债务人如果认为担保物不是重整所必需的，应当及时对担保物进行拍卖或者变卖，拍卖或者变卖担保物所得价款在支付拍卖、变卖费用后优先清偿担保权人的债权。担保权人与管理人或者自行管理的债务人就担保权应否恢复行使发生争议的，应当由管理人或者自行管理的债务人举证证明担保物是否为重整所必需，人民法院据此裁定是否应当恢复行使。担保权人对人民法院不予批准恢复行使的裁定不服的，可以自收到裁定书之日起十日内，向作出裁定的人民法院申请复议。关于重整计划执行期间的有关问题。针对重整计划执行期间与监督期间的关系，纪要明确二者原则上应当保持一致。如果不一致的，人民法院在确定和调整重整程序中的管理人报酬方案时，应当根据重整期间和重整计划监督期间管理人工作量的不同予以区别，以提升管理人工作报酬确定的合理性。对于重整计划执行期间的债务人诉讼管辖问题，纪要明确因重整程序终止后新发生的事实或者事件引发的有关债务人的民事诉讼，不适用《企业破产法》第 21 条有关集中管辖的规定。关于无法清算案件的审理与责任承担。针对实践中关于债务人相关人员下落不明或者财产状况不清的破产案件中相关主体的义务内容和责任范围、无法清算造成损失的责任性质、责任主体和追责方式不明，强制清算与破产清算制度适用错位等问题，纪要基于强制清算制度与破产清算制度的不同制度目标、不同适用条件，就此类破产清算案件中的责任承担问题予以纠偏，明确在破产程序终结后不能适用公司法司法解释（二）第 18 条第 2 款的规定判定债务人的原股东承担民事责任，避免不当突破股东有限责任原则。

问：纪要还涉及商事审判程序，请问这部分对哪些问题统一了裁判思路？

答：这部分包括案外人救济案件的审理和民刑交叉案件的程序处理两个问题。关于案外人救济案件各救济途径之间的关系。纪要界定了执行异议之诉与案外人申请再审以及第三人撤销之诉的关系，明确了执行异议之诉不以否定作为执行依据的生效裁判为目的，如认为裁判有错误，只能通过申请再审或提起第三人撤销之诉进行救济。纪要规定了同时符合案外人申请再审与第三人撤销之诉的条件时，要按照程序启动的先后顺序来确定相应的救济途径，限制当事人的程序选择权。纪要还规定了被遗漏的必要共同诉讼人申请再审的两种程序，明确了两种程序之间的区别。关于执行异议之诉的裁判规则。纪要规定了执行异议之诉案件的实体审查规则。在案外人依据另案生效裁判提起执行异议之诉的处理上，强调实质审查原则，而不拘泥于生效裁判作出的时间是在查封扣押之前还是之后。纪要同时规定，在案外人依据另案生效裁判提出执行异议之诉时，要区别执行标的是金钱债权和非金钱债权作出不同处理。对于非金钱债权，如果作为执行依据的生效裁判是确权裁判，不论作为执行异议依据的裁判是确权裁判还是给付裁判，一般不应据此排除执行，但人民法院应当告知案外人对作为执行依据的确权裁判申请再审；如果作为执行依据的生效裁判是给付标的物的裁判，而作为提出异议之诉依据的裁判是确权裁判，一般应据此排除执行，此时人民法院应告知其对该确权裁判申请再审；如果两个裁判均属给付标的物的裁判，人民法院需依法判断哪个裁判所认定的给付权利具有优先性，进而判断是否可以排除执行。对于金钱债权，作为案外人提起执行异议之诉依据的生效裁判将执行标的确权给案外人，可以排除执行；作为案外人提起执行异议之诉依据的生效裁判，未将执行标的物确权给案外人，而是基于不以转移所有权为目的的有效合同（如租赁、借用、保管合同），判令向案外人返还执行标的物的，其性质属于物权请求权，亦可以排除执行；基于以转移所有权为目的有效合同（如买卖合同），判令向案外人交付标的物的，其性质属于债权请求权，不能排除执行；如果案外人提出执行异议之诉依据的生效法律文书认定以转移所有权为目的的合同（如买卖合同）无效或应当解除，进而判令向案外人返还执行标的物的，只有在案外人已经返还价款的情况下，才能排除普通债权人的执行。在不动产买受人提起的执行异议之诉的处理上，对于未办理过户登记是否基于买受人自身原因，纪要作了细化的规定。在消费者购房人排除执行的规定中对于“买受人名下无其他用于居住的房屋”作了细化的规定。在消费者购房人权利与抵押权冲突的处理上，认定在符合规定条件的情况下消费者购房人的权利优先于抵押权，贯彻了生存利益至上的原则。关于债权人能否提起第三人撤销之诉。纪要从设立第三人撤销之诉的目的出发，规定特定条件下，债权人可以提起第三人撤销之诉进行救济的三种债权。关于房屋消费者的权利与抵押权冲突的处理。纪要明确，根据《最高人民法院关于建设工程价款优先受偿权问题的批复》的规定，符合本纪要第 125 条规定的，应当认定买受人对执行标的享有足以排除强制执行的民事权益。但是，买受人购买二手房的，或者买受人知道该商品房出售前已经办理抵押登记的，其对执行标的不享有足以排除强制执行的民事权益，除非抵押权人同意转让。

关于民刑交叉案件分别审理的原则和具体情形。纪要规定，同一当事人因不同事实分别发生民商事纠纷和涉嫌刑事犯罪，民商事案件与刑事案件应当分别审理，并且明确列举了应当分别审理的五种具体情形。关于涉众型经济犯罪与民商事案件的程序处理问题。集资诈骗、非法吸收公众存款等涉众型经济犯罪，由于所涉人数众多、当事人分布地域广、标的额特别巨大、影响范围广，严重影响社会稳定，故对于受害人就同一事实提起的以犯罪嫌疑人或者刑事被告人为被告的民事诉讼，人民法院应裁定不予受理，并将有关材料移送侦查机关、检察机关或者正在审理该刑事案件的人民法院。除上述人民法院不予受理的情形外，要防止通过刑事手段干预民商事审判，搞地方保护，影响营商环境。当事人因租赁、买卖、金融借款等与涉嫌集资诈骗、非法吸收公众存款等涉众型经济犯罪无关的民事纠纷，请求上述主体承担民事责任的，人民法院应予受理。关于民刑交叉案件中民商事案件中止审理的条件。纪要明确，如果民商事案件必须以相关刑事案件的审理结果为依据，而刑事案件尚未审结的，应当根据《民事诉讼法》第150条第5项的规定中止诉讼。如果民商事案件不是必须以相关的刑事案件的审理结果为依据，则民商事案件应当继续审理。

问：请问纪要适用哪些案件？

答：需要强调的是，纪要不是司法解释，不能作为裁判依据进行援引。人民法院尚未审结的一审、二审案件，在裁判文书“本院认为”部分具体分析法律适用的理由时，可以根据纪要的相关规定进行说理。

全国法院民商事审判工作会议纪要

QUANGUO FAYUAN MINSHANGSHI SHENPAN GONGZUO HUIYI JIYAO

经销/新华书店
印刷/河北鑫兆源印刷有限公司
开本/850 毫米×1168 毫米　32 开　　印张/3　字数/59 千
版次/2019 年 11 月第 1 版　　2021 年 5 月第 3 次印刷

中国法制出版社出版
书号 ISBN 978-7-5216-0708-6　　定价：12.00 元

北京西单横二条 2 号
邮政编码 100031　　传真：010-66031119
网址：http：//www.zgfzs.com　　**编辑部电话：010-66080537**
市场营销部电话：010-66033393　　**邮购部电话：010-66033288**